CW01111555

Bienvenue dans l'univers ludique et coloré des billes SMARTIES® !

Depuis 1937, ces drôles de petites capsules de sucre colorées, fourrées au bon chocolat au lait, nourrissent l'imagination de vos enfants… et la convoitise de toute la famille !

Retrouvez-les dans leur tube hexagonal, en format à partager dans leur pochon refermable ou en version mini et rigolote : quand les petites boîtes sont vides, gardez-les pour jouer !

Le saviez-vous ? Les fameuses huit couleurs SMARTIES® sont naturelles et proviennent d'un mélange de concentrés de fruits et de plantes.

Le petit livre

SMARTIES®

Recettes et photographies de ÉMILIE GUELPA

MARABOUT

SOMMAIRE

KIT SUCETTES 4
KIT TARTELETTES 6
KIT BONBONS 8

GÂTEAUX & CIE

TARTELETTES CARAMÉLISÉES AUX SMARTIES® ... 10
TARTELETTES DE CHEF 12
GÂTEAU ARC-EN-CIEL 14
MILLE-FEUILLES AUX SMARTIES® 16
PARIS-BREST REVISITÉ 18
GÂTEAU D'ANNIVERSAIRE 20

MINIS

MINI CHOUX MULTICOLORES 22
SMARTIES® D'AMOUR 24
MINI TARTELETTES SMARTIES® 26
MACARONS 28
MERINGUES ALLONGÉES 30
CHAMPIGNONS MULTICOLORES 32

GOÛTER

CAKE AU CHOCOLAT & AUX SMARTIES® 34
MINI BRIOCHES AUX SMARTIES® 36
FINANCIERS COLORÉS 38
BARRES DE CÉRÉALES AUX SMARTIES® 40
COOKIES SMARTIES® 42
CUPCAKES AUX FRAMBOISES & SMARTIES® ... 44
SABLÉS À LA NOISETTE 46
ROBOTS RIGOLOS 48

DESSERTS GLACÉS

SUNDAYS AUX SMARTIES® 50
GLACE AUX SMARTIES® 52
SANDWICHES CRAQUANTS 54
BAVAROIS AUX FRUITS ROUGES 56
MOUSSE AU CHOCOLAT & AUX SMARTIES® ... 58
PETITS POTS GOURMANDS 60
CHANTILLY COLORÉE 62

12 24 36
38 26 40
52 16 62

KIT SUCETTES

POUR 4 PERSONNES

SUCETTES SMARTIES®
50 g de SMARTIES®, 2 cl de crème fleurette, 50 g de chocolat noir

Dans une casserole, faire fondre les SMARTIES® avec la crème fleurette. Bien mélanger afin qu'il ne reste plus de morceaux. Faire fondre le chocolat au bain-marie. Verser sur une feuille de papier sulfurisé 1 cuillerée à soupe de chocolat fondu en formant un petit rond. Poser aussitôt un bâtonnet et le recouvrir avec 1 cuillerée à soupe de SMARTIES® fondus. Répéter l'opération pour les sucettes restantes.

IDÉES D'ENROBAGES
noix de coco râpée, SMARTIES® Mini, spéculoos, meringues

Ajouter rapidement sur les sucettes de la noix de coco râpée, quelques SMARTIES® Mini, de la poudre de spéculoos et des éclats de meringue.

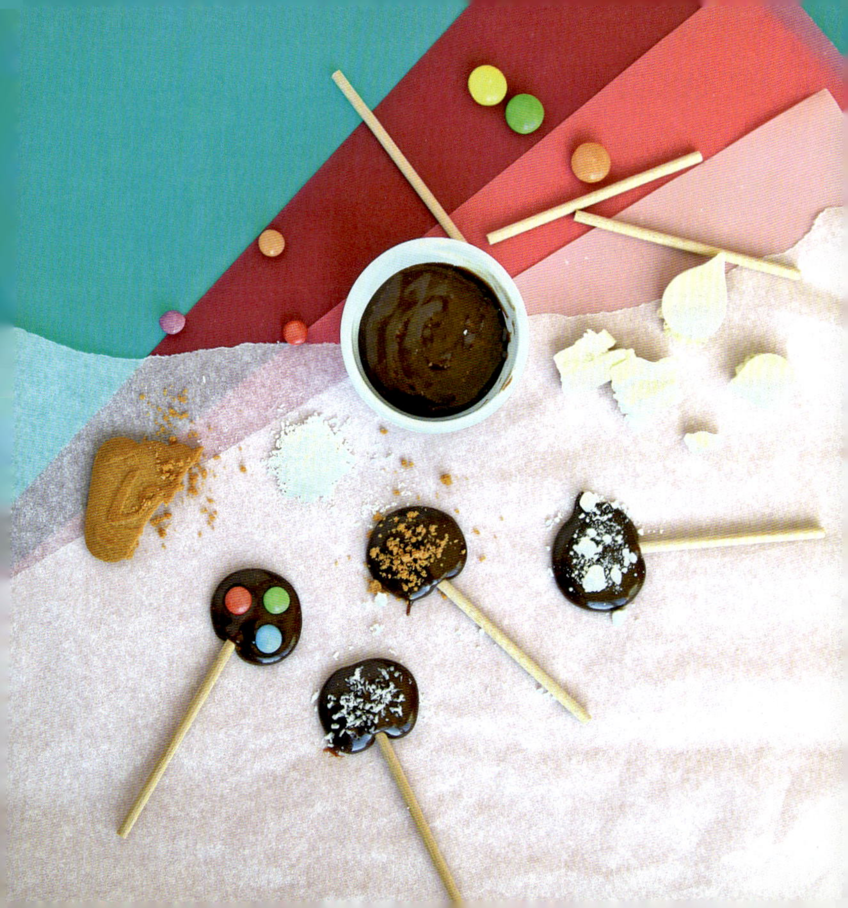

KIT TARTELETTES

POUR 4 PERSONNES

PÂTE À TARTELETTES SMARTIES®
125 g de farine, 10 g de sucre en poudre, 1 pincée de sel, 60 g de beurre ramolli, 3 cl de lait, 70 g SMARTIES® Mini

Mélanger la farine, le sucre et le sel. Ajouter le beurre puis malaxer la pâte à la main. Ajouter, petit à petit, le lait tiède, en malaxant toujours. Concasser les SMARTIES® Mini, et les ajouter à la pâte. Bien mélanger. Tapisser de pâte des moules à mini-tartelettes. Faire cuire à blanc 15 minutes à 180 °C.

PÂTE À TARTELETTES SMARTIES® – CHOCOLAT
70 g de chocolat noir, 30 g de SMARTIES®, 2 biscuits secs

Faire fondre le chocolat au bain-marie. Au dernier moment, ajouter les SMARTIES® et les biscuits réduits en poudre. Bien mélanger. Tapisser de pâte des moules à mini-tartelettes. Réserver au réfrigérateur pour figer le chocolat.

GARNITURE AU LEMON CURD
4 cuillerées à soupe de lemon curd, SMARTIES® Mini

Mettre 1 cuillerée à soupe de lemon curd dans chaque fond de tartelette puis décorer avec quelques SMARTIES® Mini.

GARNITURE À LA CHANTILLY
4 cuillerées à soupe de chantilly, SMARTIES® Mini

Mettre 1 cuillerée à soupe de chantilly dans chaque fond de tartelette puis décorer avec quelques SMARTIES® Mini.

GARNITURE À LA FRAMBOISE
4 cuillerées à soupe de confiture de framboises, SMARTIES® Mini

Mettre 1 cuillerée à soupe de confiture dans chaque fond de tartelette puis décorer avec quelques SMARTIES® Mini.

GARNITURE À LA FRAISE
fraises, SMARTIES® Mini

Mettre quelques SMARTIES® Mini dans chaque fond de tartelette puis décorer avec 1 fraise.

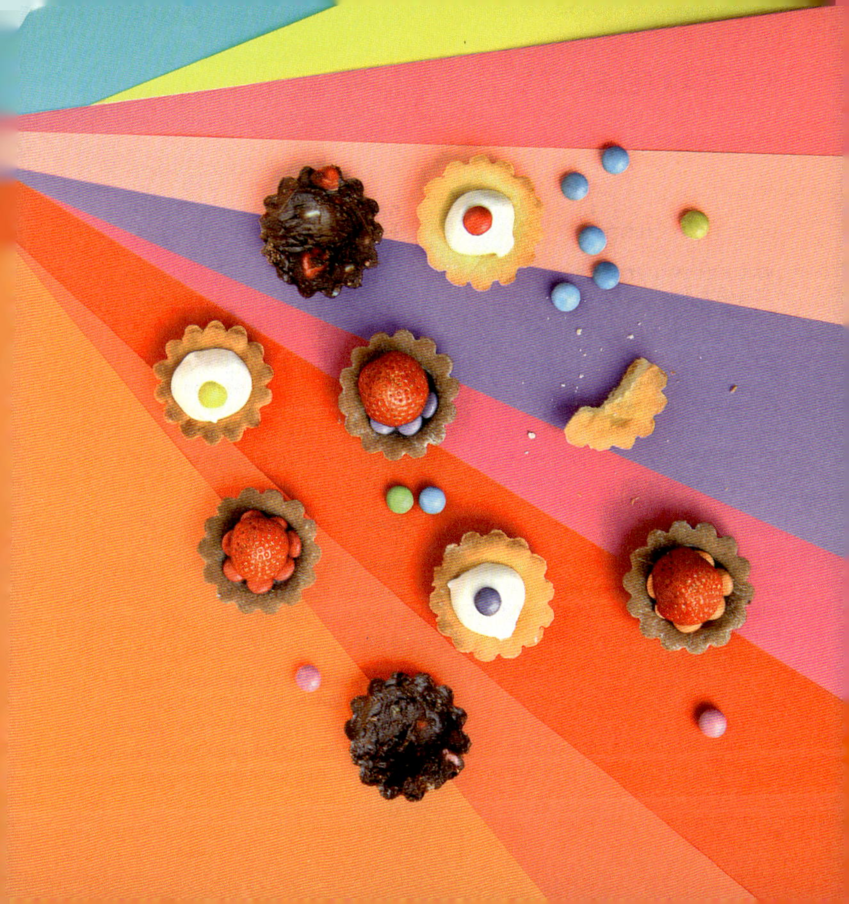

KIT BONBONS

POUR 4 PERSONNES

BONBONS SMARTIES® – CHOCOLAT BLANC
1 paquet de SMARTIES® Mini,
70 g de chocolat blanc

Dans un moule à glaçons, disposer des SMARTIES® Mini dans chaque empreinte. Faire fondre le chocolat blanc au bain-marie. Verser dans les empreintes et réserver au réfrigérateur avant de démouler.

BONBONS SMARTIES® – CHOCOLAT NOIR
1 paquet de SMARTIES® Mini,
70 g de chocolat noir

Dans un moule à glaçons, disposer des SMARTIES® Mini dans chaque empreinte. Faire fondre le chocolat noir au bain-marie. Verser dans les empreintes et réserver au réfrigérateur avant de démouler.

BONBONS SMARTIES® – CARAMEL
1 paquet de SMARTIES® Mini, 70 g de sucre en poudre, 2 cuillerées à soupe d'eau, 20 g de beurre demi-sel

Dans un moule à glaçons, disposer des SMARTIES® Mini dans chaque empreinte. Dans une poêle, faire chauffer le sucre et 2 cuillerées à soupe d'eau jusqu'à ce que le mélange brunisse légèrement. Ajouter le beurre et mélanger. Verser le caramel dans les empreintes, puis laisser refroidir au réfrigérateur avant de démouler.

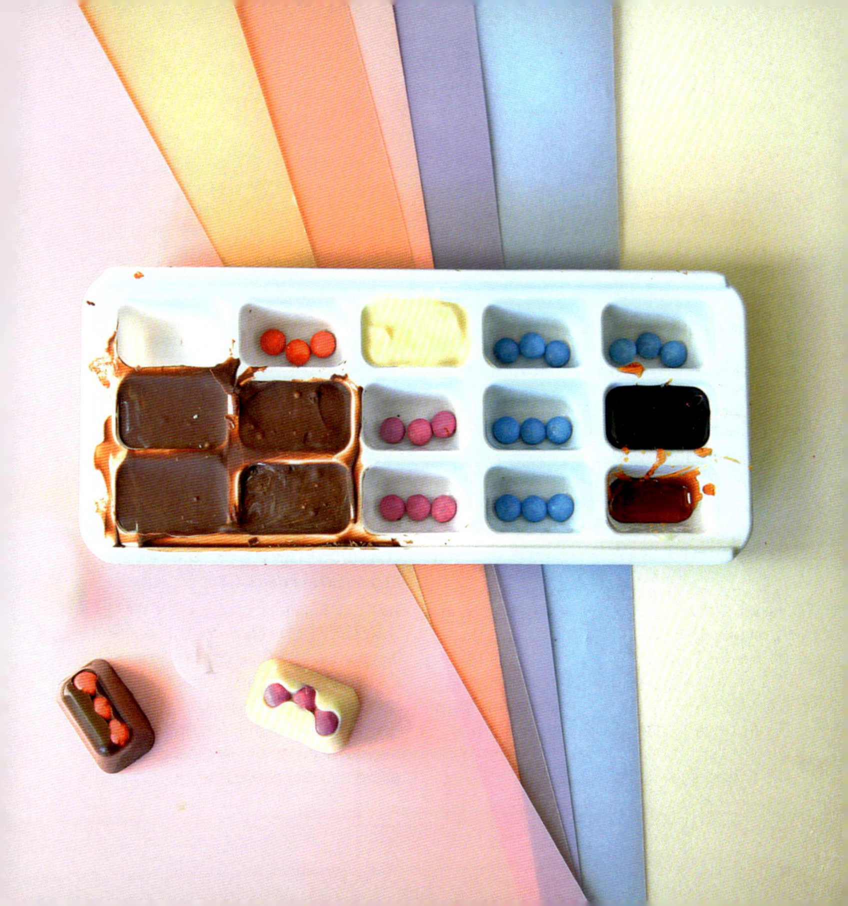

TARTELETTES CARAMÉLISÉES AUX SMARTIES®

20 MIN DE PRÉPARATION – 15 MIN DE CUISSON

POUR 4 PERSONNES

PÂTE À TARTELETTES

5 cl de lait
250 g de farine
10 g de sucre en poudre
125 g de beurre ramolli
1 pincée de sel

GARNITURE

50 g de sucre en poudre
50 g de beurre
70 g d'amandes
15 g de graines de sésame
30 g de SMARTIES®

CRÈME AU SIROP D'ÉRABLE

25 cl de crème fleurette
5 cuillerées à soupe de sirop d'érable

1- Préchauffer le four à 180 °C.
2- Préparer la pâte à tartelettes : dans une casserole, faire tiédir le lait. Dans un bol, mélanger la farine, le sucre et le sel. Ajouter le beurre puis travailler la pâte à la main. Verser, petit à petit, le lait tiédi tout en mélangeant. Ajouter un peu de farine si la pâte est trop liquide ou colle trop.
3- Étaler la pâte sur un plan de travail fariné. Tapisser de pâte 4 moules à tartelettes. Piquer les fonds à l'aide d'une fourchette. Enfourner et faire cuire la pâte à blanc 15 minutes.
4- Préparer la garniture : dans une casserole, porter à petite ébullition le sucre avec 2 cl d'eau. Ajouter aussitôt le beurre. Mélanger puis, hors du feu, ajouter les amandes, les graines de sésame et les SMARTIES®. Répartir le mélange sur les tartelettes.
5- Préparer la crème au sirop d'érable : dans une casserole, faire tiédir la crème fleurette puis ajouter le sirop d'érable. Bien mélanger et laisser refroidir. Fouetter légèrement la crème avant de servir en accompagnement des tartelettes.

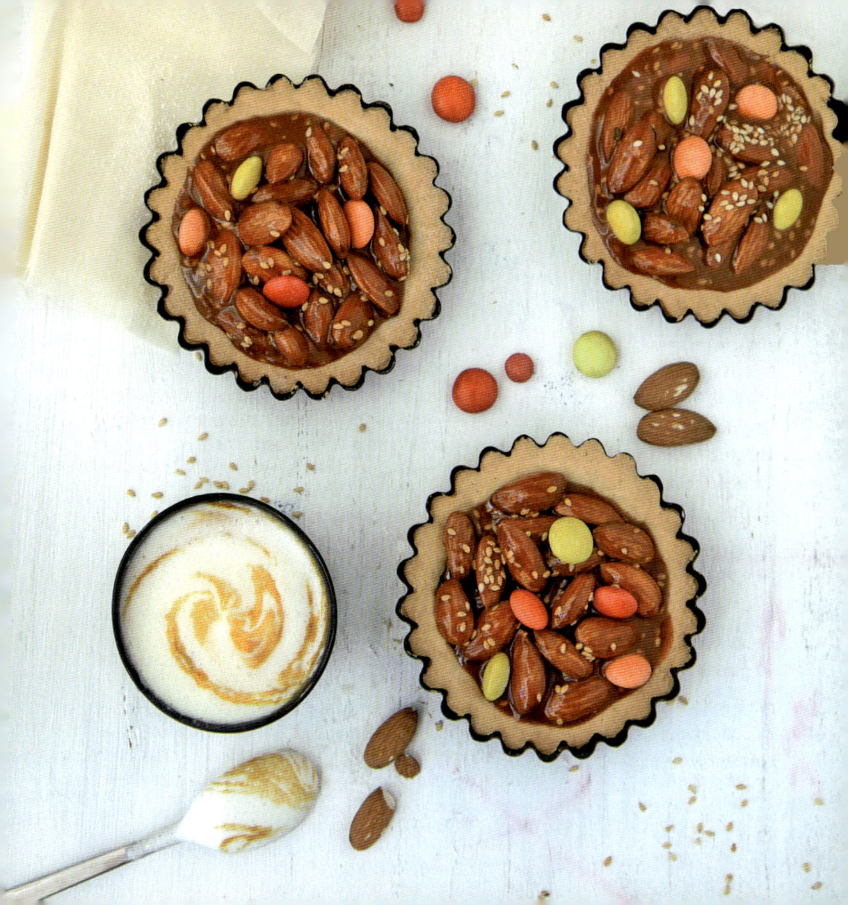

TARTELETTES DE CHEF

25 MIN DE PRÉPARATION – 10 MIN DE CUISSON – 1 H DE RÉFRIGÉRATION

POUR 2 PERSONNES

PÂTE À TARTELETTES

80 g de sucre roux

1 œuf

150 g de farine

50 g de farine de châtaigne

1 pincée de cannelle en poudre

100 g de beurre ramolli

1 pincée de sel

GANACHE

50 g de beurre

50 g de sucre en poudre

50 g de poudre d'amandes

2 cuillerées à café bombées de pâte de pistaches

50 g de chocolat noir

20 g de SMARTIES® rouges et verts

1- Préchauffer le four à 180 °C.
2- Préparer la pâte à tartelettes : dans un bol, mélanger le sucre roux et l'œuf jusqu'à ce que le mélange blanchisse. Ajouter, petit à petit, les farines, la cannelle et le sel. Incorporer le beurre et travailler la pâte à la main. La former en boule, filmer et réserver 1 heure au réfrigérateur.
3- Préparer la ganache : dans un bol, battre le beurre avec le sucre. Ajouter la poudre d'amandes et la pâte de pistaches. Bien mélanger et réserver au réfrigérateur.
4- Étaler la pâte à tartelettes sur un plan de travail fariné. Découper, à l'aide d'un emporte-pièce, 2 carrés de pâte d'environ 13 cm de côté. Piquer le fond des tartelettes à l'aide d'une fourchette.
5- Répartir la ganache sur les tartelettes. Les déposer sur la plaque du four garnie de papier sulfurisé. Enfourner et faire cuire à blanc 10 minutes.
6- Faire fondre le chocolat noir au bain-marie.
7- À la sortie du four, étaler sur les tartelettes le chocolat fondu puis recouvrir de SMARTIES® en alternant les couleurs.

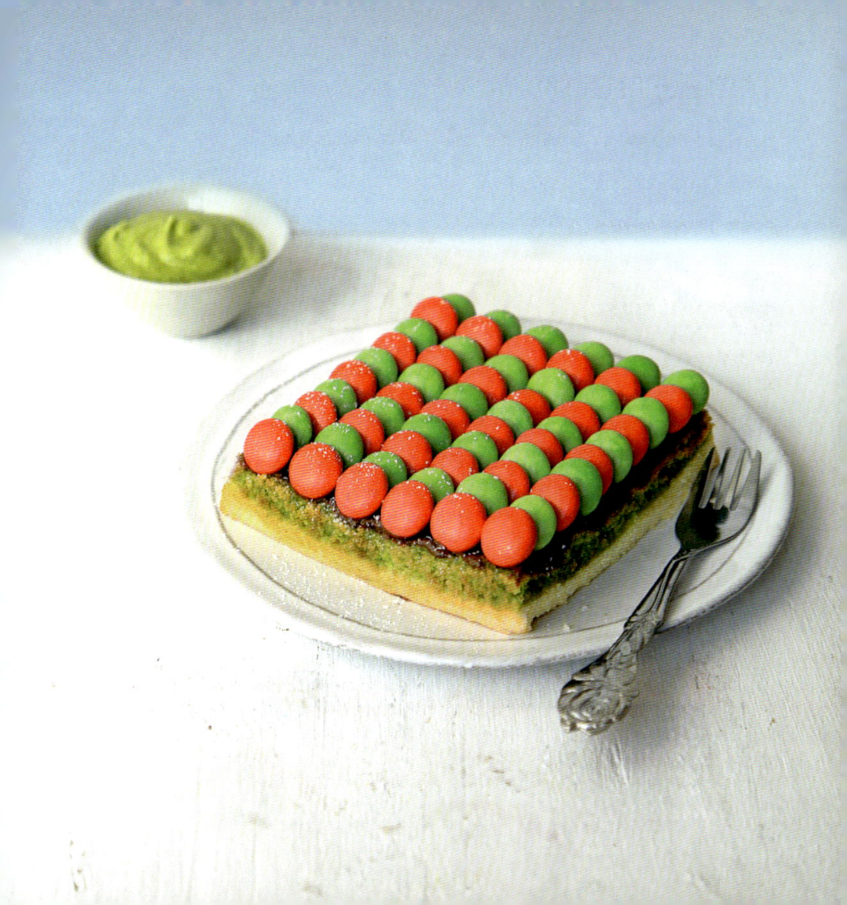

GÂTEAU ARC-EN-CIEL

40 MIN DE PRÉPARATION – 30 MIN DE CUISSON – 1 H DE RÉFRIGÉRATION

POUR 4 PERSONNES

CRÈME NOIX DE COCO

70 g de SMARTIES®

80 g de sucre glace

100 g de beurre

70 g de noix de coco râpée

GÉNOISE

4 œufs

100 g de sucre en poudre

100 g de farine

1 pincée de sel

beurre pour le moule

GLAÇAGE

2 blancs d'œufs

70 g de sucre en poudre

70 g de sucre glace

14 SMARTIES® aux couleurs de l'arc-en-ciel

1- Préparer la crème à la noix de coco : dans le bol du mixeur, mettre les SMARTIES®. Mixer jusqu'à obtenir une poudre fine. Dans un saladier, fouetter le sucre glace et le beurre. Ajouter, petit à petit, la noix de coco râpée, la poudre de SMARTIES® et continuer de fouetter jusqu'à obtenir une crème onctueuse. Réserver 1 heure au réfrigérateur.

2- Préchauffer le four à 180 °C.

3- Préparer la génoise : faire chauffer les œufs et le sucre dans un bain-marie tiède et battre jusqu'à ce que le mélange blanchisse. Hors du feu, ajouter la farine, petit à petit, la levure et le sel. Bien remuer en soulevant la pâte pour ne pas la casser. Verser la pâte dans un moule à manqué, préalablement beurré et légèrement fariné. Enfourner et faire cuire 30 minutes.

4- Démouler le gâteau et laisser refroidir. Le découper en forme de nuage puis le couper en deux dans l'épaisseur. Garnir une des couches de crème à la noix de coco puis refermer le gâteau.

5- Préparer le glaçage : monter les blancs d'œufs en neige, en ajoutant, petit à petit, le sucre en poudre. Continuer de battre jusqu'à ce que les blancs soient nacrés et fermes. Ajouter délicatement, à l'aide d'une spatule, le sucre glace.

6- Recouvrir le gâteau de glaçage et disposer les SMARTIES® en forme d'arc-en-ciel et servir aussitôt.

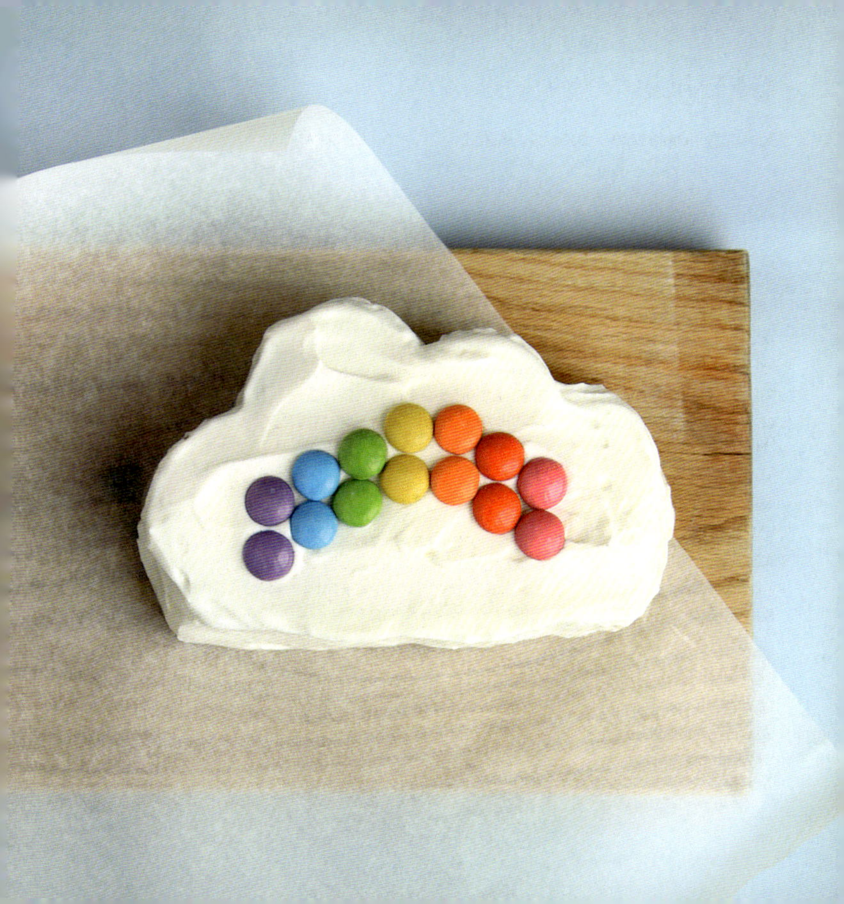

MILLE-FEUILLES AUX SMARTIES®

30 MIN DE PRÉPARATION – 5 MIN DE CUISSON – 4 H DE RÉFRIGÉRATION

POUR 4 PERSONNES

200 g de chocolat noir

4 œufs

4 feuilles de brick

5 cuillerées à soupe de miel

80 g de SMARTIES® rouges

100 g de framboises

1- Préchauffer le four à 180 °C.
2- Faire fondre le chocolat noir au bain-marie.
3- Séparer les blancs des jaunes d'œufs. Mélanger les jaunes avec le chocolat fondu. Battre les blancs en neige ferme et les incorporer très délicatement au mélange. Réserver au réfrigérateur 4 heures.
4- Découper 6 rectangles dans chaque feuille de brick. Les badigeonner de miel puis les déposer sur la plaque du four, préalablement garnie de papier sulfurisé. Enfourner et faire cuire 5 minutes.
5- Mettre la préparation au chocolat dans une poche à douille.
6- Assembler les mille-feuilles : superposer les rectangles de feuilles de brick deux par deux. À l'aide de la poche à douille, déposer la préparation au chocolat à l'intérieur de chaque côté des rectangles. Intercaler la moitié des SMARTIES® et ajouter la moitié des framboises au centre des rectangles. Répéter l'opération. Terminer en superposant 2 rectangles de feuilles de brick. Décorer avec un peu de chocolat, des SMARTIES® et quelques framboises.

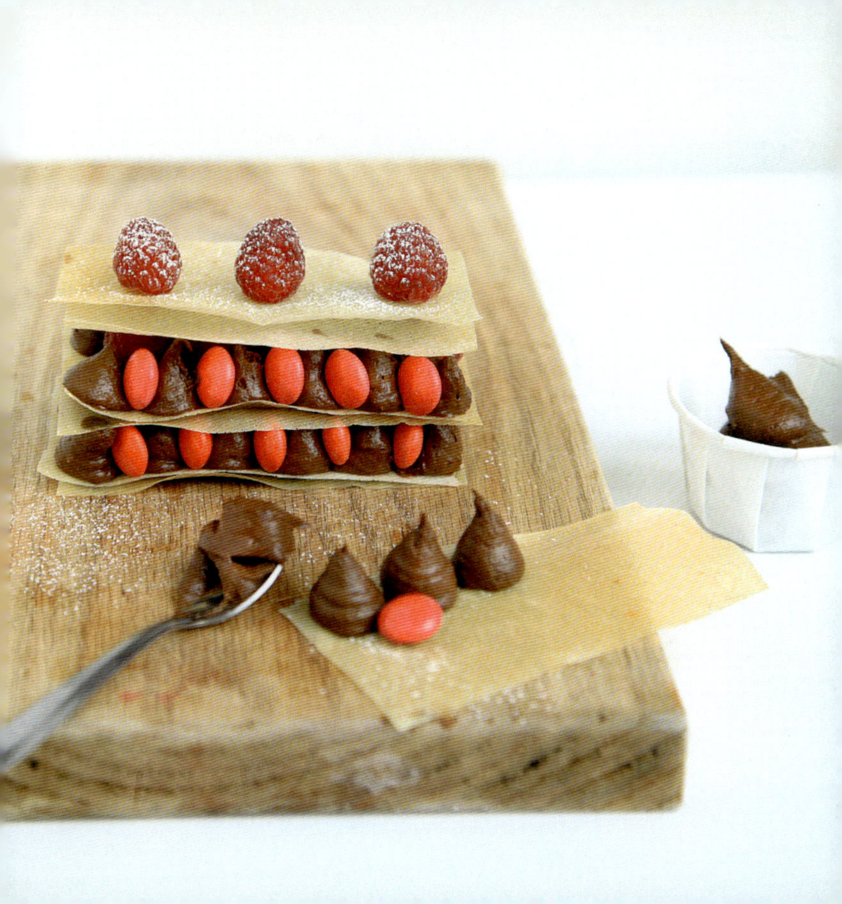

PARIS-BREST REVISITÉ

40 MIN DE PRÉPARATION – 25 MIN DE CUISSON – 1 H DE RÉFRIGÉRATION

POUR 4 PERSONNES

PÂTE À CHOUX

90 g de beurre coupés en morceaux

2 cuillerées à soupe de sucre en poudre

200 g de farine

4 œufs

30 g de noisettes concassées

1 pincée de sel

CRÈME À LA NOISETTE

5 jaunes d'œufs

150 g de sucre en poudre

150 g de beurre

100 g de poudre de noisettes

30 g de SMARTIES®

30 g de SMARTIES® Mini

sucre glace

1- Préchauffer le four à 200 °C.
2- Préparer la pâte à choux : dans une casserole, faire chauffer 20 cl d'eau avec le sel, le beurre et le sucre. Bien mélanger. Hors du feu, verser la farine et bien remuer. Remettre à chauffer à feu doux quelques minutes, sans cesser de mélanger, jusqu'à ce que la pâte se décolle des bords. Ajouter les œufs et mélanger doucement.
3- Garnir de pâte une poche à douille. Sur la plaque du four, préalablement garnie de papier sulfurisé, réaliser des cercles de pâte de 10 cm de diamètre. Parsemer de noisettes concassées. Enfourner et faire cuire 25 minutes.
4- Préparer la crème à la noisette : dans une casserole, faire chauffer le sucre avec 2 cl d'eau et porter à ébullition. Mettre hors du feu. Battre les jaunes d'œufs et les incorporer délicatement au sucre fondu sans cesser de fouetter jusqu'à ce que le mélange refroidisse. Ajouter le beurre et la poudre noisettes. Bien mélanger jusqu'à ce que la préparation soit homogène. Garnir une poche à douille de crème à la noisette et réserver au réfrigérateur 1 heure.
5- Garnir l'intérieur de la moitié des pâtes à choux avec la crème à la noisette. Parsemer de SMARTIES® et de SMARTIES® Mini, puis refermer avec les pâtes à choux restantes. Saupoudrer de sucre glace, et décorer avec quelques SMARTIES® et SMARTIES® Mini.

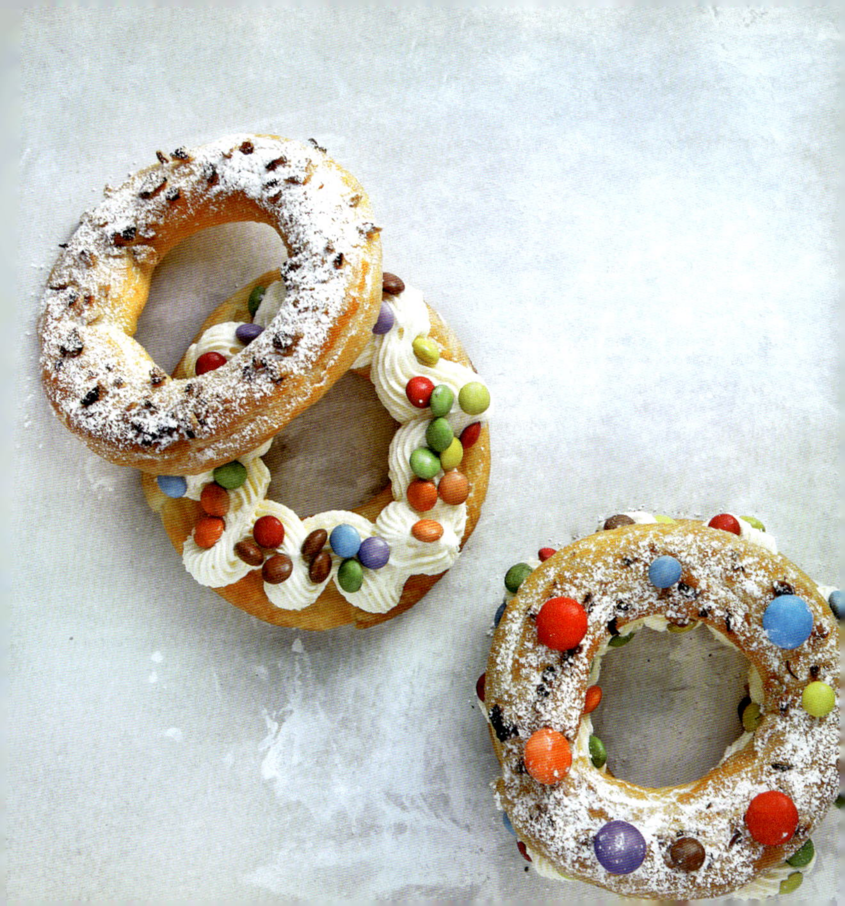

GÂTEAU D'ANNIVERSAIRE

30 MIN DE PRÉPARATION – 30 MIN DE CUISSON

POUR 4 PERSONNES

GÂTEAU

4 œufs
90 g de sucre en poudre
150 g de farine
½ sachet de levure chimique
50 g de chocolat noir
125 g de beurre fondu
50 g de SMARTIES®
1 pincée de sel
beurre pour le moule

GLAÇAGE

250 g de chocolat au lait
50 SMARTIES®

1 - Préchauffer le four à 180 °C.
2 - Préparer le gâteau : battre les œufs et le sucre jusqu'à ce que le mélange soit mousseux. Ajouter la farine, la levure et le sel. Bien mélanger.
3 - Dans le bol du mixeur, mettre les SMARTIES®. Mixer jusqu'à obtenir une poudre fine.
4 - Dans un bol, faire fondre le chocolat au bain-marie ; ajouter ensuite la poudre de SMARTIES® tout en remuant, puis ajouter ce mélange au précédent.
5 - Verser la pâte dans un moule à manqué, préalablement beurré et fariné. Enfourner et faire cuire 30 minutes. Laisser refroidir le gâteau avant de le démouler.
6 - Découper le gâteau dans la forme du chiffre de votre choix.
7 - Préparer le glaçage : faire fondre le chocolat au bain-marie.
8 - Déposer le gâteau sur la grille du four puis recouvrir de chocolat fondu. Disposer aussitôt les SMARTIES® sur le gâteau avant que le chocolat ne se fige.

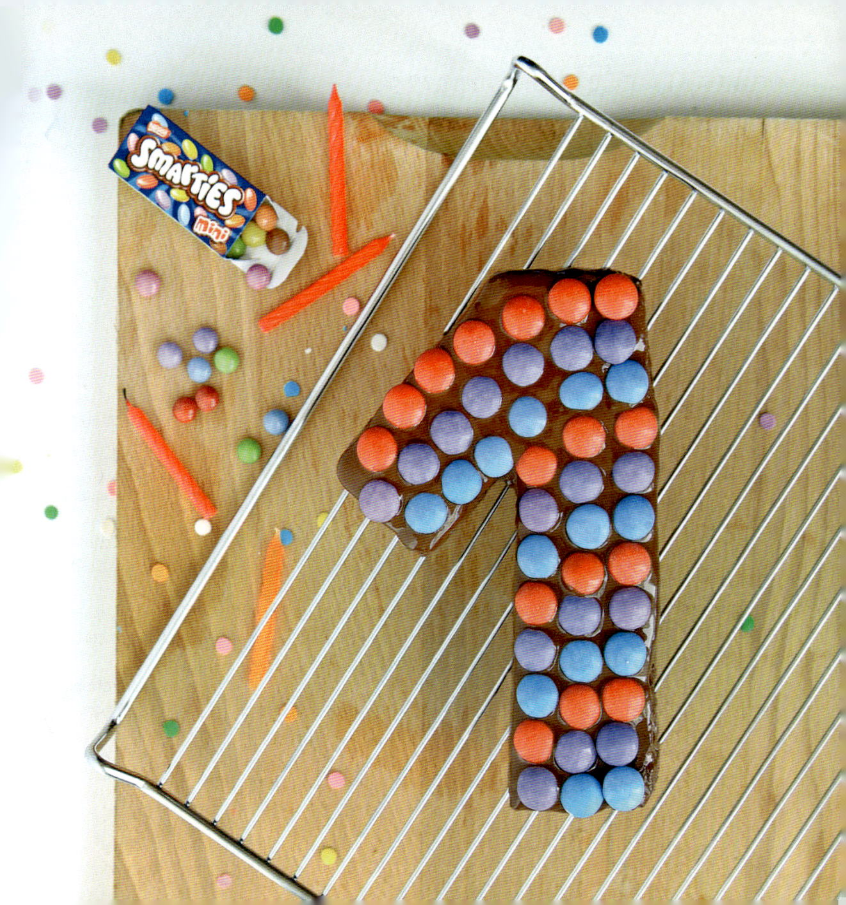
SMARTIES
mini

MINI CHOUX MULTICOLORES

45 MIN DE PRÉPARATION – 25 MIN DE CUISSON – 2 H DE RÉFRIGÉRATION

POUR 20 CHOUX

PÂTE À CHOUX
4 œufs
1 pincée de sel
90 g de beurre
200 g de farine
40 g de sucre en poudre

CRÈME PÂTISSIÈRE
4 jaunes d'œufs
70 g de sucre en poudre
2 gouttes d'extrait naturel de vanille
90 g de farine
3 cuillerées à soupe de Maïzena
50 cl de lait
70 g de chocolat noir

GLAÇAGE
40 g de SMARTIES®
500 g de fondant blanc (magasins spécialisés)
colorant alimentaire
20 SMARTIES®
1 pincée de fleur de sel

1- Préchauffer le four à 200 °C.
2- Préparer la pâte à choux : dans une casserole, faire chauffer 20 cl d'eau avec le sel, le beurre coupé en morceaux et le sucre. Bien mélanger. Hors du feu, verser la farine et bien remuer. Remettre à chauffer à feu doux quelques minutes, sans cesser de mélanger, jusqu'à ce que la pâte se décolle des bords. Ajouter les œufs, un à un, à la pâte et mélanger.
3- Garnir une poche à douille de pâte. Sur la plaque du four, préalablement garnie de papier sulfurisé, déposer des petits ronds de pâte bien espacés. Enfourner et faire cuire 25 minutes. Les choux doivent être bien cuits.
4- Préparer la crème pâtissière : battre les jaunes d'œufs et le sucre. Ajouter l'extrait de vanille, le sel, puis la farine et la Maïzena en ajoutant 5 cuillerées à soupe de lait. Verser le mélange dans une casserole, puis ajouter le reste du lait et faire chauffer à feu doux. Bien mélanger puis ajouter le chocolat préalablement fondu. Continuer de remuer afin que le mélange épaississe. Garnir une poche à douille de crème pâtissière et réserver au réfrigérateur 2 heures.
5- Inciser en forme de croix le dessous des choux, et, à l'aide de la poche à douille, les remplir de crème pâtissière.
6- Dans le bol du mixeur, mettre les SMARTIES® et mixer jusqu'à obtenir une poudre fine. Faire cuire le fondant blanc au bain-marie, ajouter quelques gouttes de colorant et la poudre de SMARTIES®. Napper le dessus des choux de glaçage puis déposer 1 SMARTIES® sur le dessus et laisser figer.

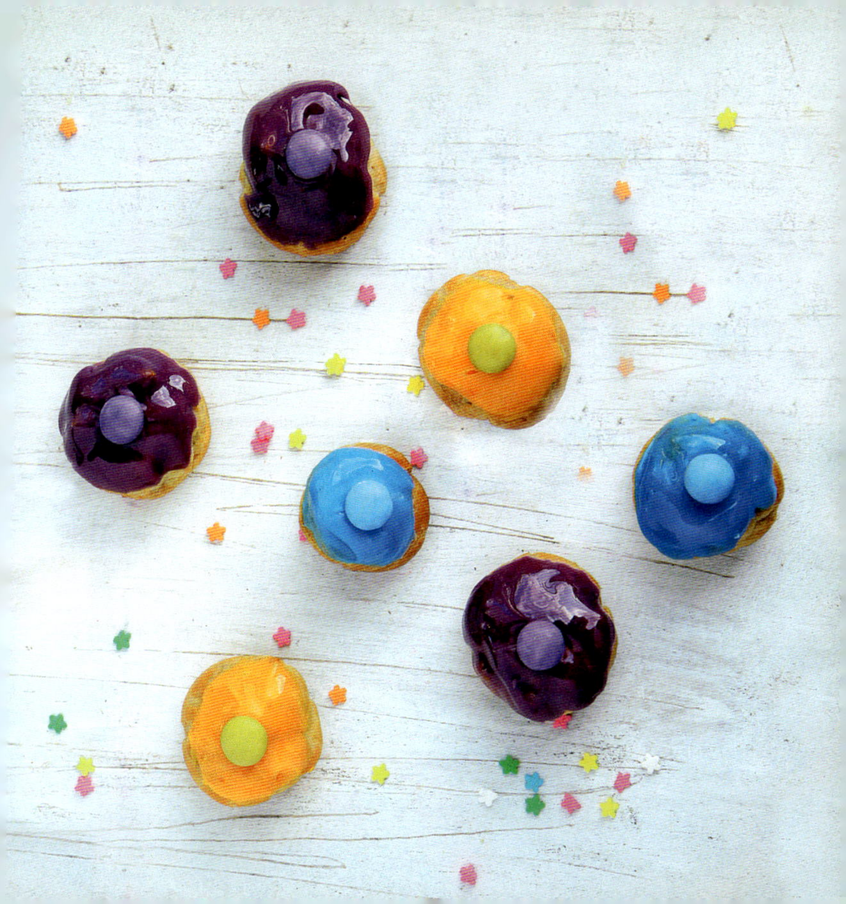

SMARTIES® D'AMOUR

15 MIN DE PRÉPARATION – 5 MIN DE CUISSON

POUR 4 PERSONNES

8 petites pommes
30 g de sucre en poudre
colorant rouge
50 g de SMARTIES® Mini

1- Dans une poêle, faire chauffer le sucre avec 2 cl d'eau. Porter à petite ébullition le sucre sans remuer.
2- Ajouter quelques gouttes de colorant rouge, mélanger puis mettre hors du feu.
3- Piquer dans chaque pomme un bâtonnet. Tremper les pommes dans le caramel, puis recouvrir immédiatement de SMARTIES® Mini.

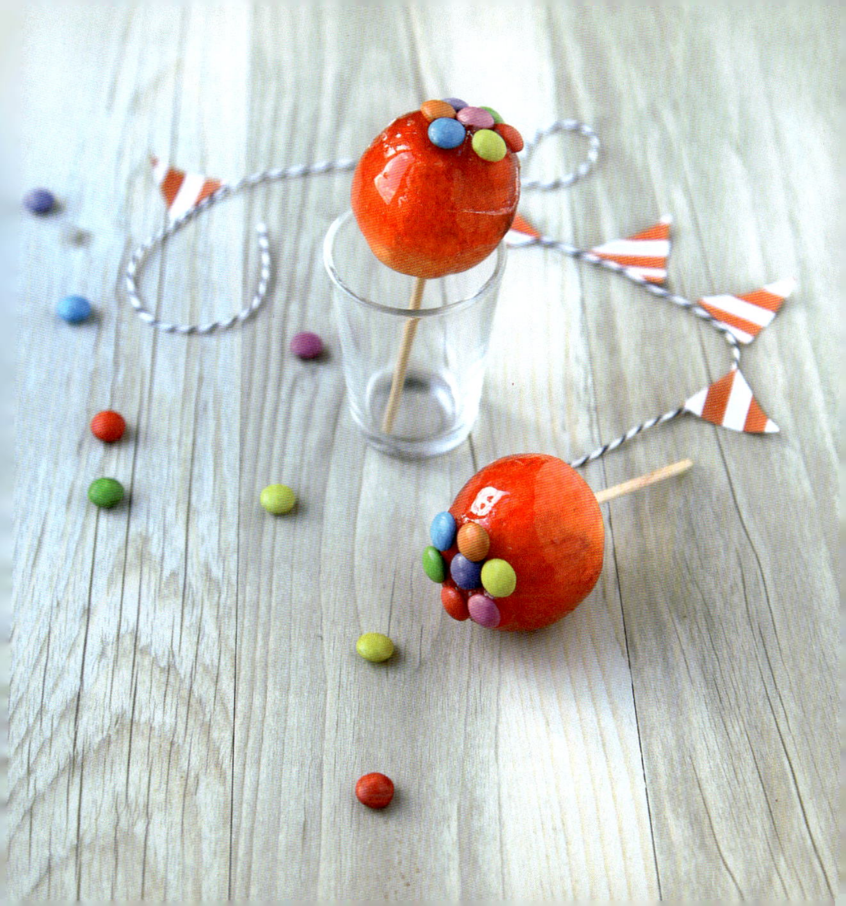

MINI TARTELETTES SMARTIES®

30 MIN DE PRÉPARATION – 10 MIN DE CUISSON – 1 H DE RÉFRIGÉRATION

POUR 4 PERSONNES

PÂTE À TARTELETTES

1 œuf

80 g de sucre en poudre

250 g de farine

20 g de noix de coco râpée

100 g de beurre ramolli

1 pincée de sel

GANACHE

20 g de SMARTIES®

1 cl de crème fleurette

1- Préchauffer le four à 180 °C.
2- Préparer la pâte à tartelettes : dans un bol, battre l'œuf et le sucre, puis ajouter petit à petit la farine, la noix de coco râpée et le sel. Incorporer le beurre et travailler la pâte à la main. Former la pâte en boule, filmer et réserver 1 heure au réfrigérateur.
3- Préparer la ganache : faire fondre au bain-marie les SMARTIES® et la crème fleurette jusqu'à ce que le mélange soit bien homogène. Réserver.
4- Étaler la pâte à tartelettes sur un plan de travail fariné à l'aide d'un rouleau à pâtisserie. Découper des ronds de pâte de la taille des moules à tartelettes et en garnir les moules. Piquer les fonds à l'aide d'une fourchette. Enfourner et faire cuire à blanc 10 minutes.
5- Remplir le fond des tartelettes de ganache, puis décorer de quelques SMARTIES®.

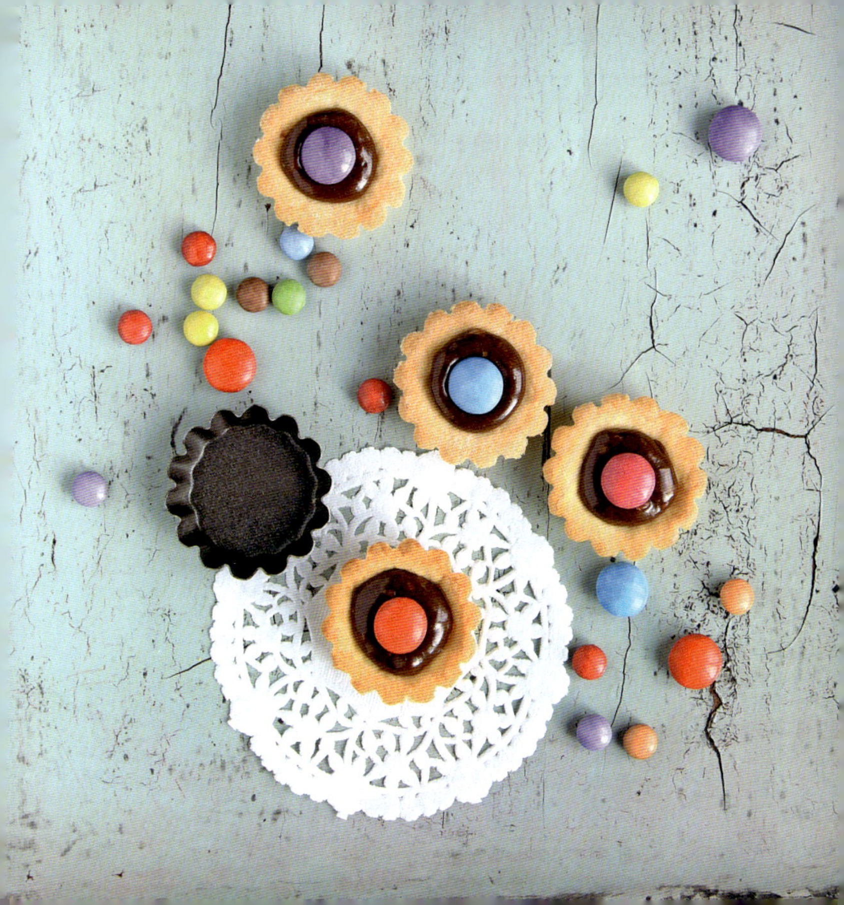

MACARONS

30 MIN DE PRÉPARATION – 15 MIN DE CUISSON – 1 H DE REPOS – 3 H DE RÉFRIGÉRATION

POUR 10 MACARONS

COQUES DE MACARONS

50 g de poudre d'amandes
½ sachet de sucre vanillé
50 g de sucre glace
2 blancs d'œufs
50 g de sucre en poudre
colorant alimentaire

GANACHE

80 g de chocolat noir
50 g de SMARTIES®
2 œufs
SMARTIES® Mini pour la décoration

1- Préparer les coques de macarons : dans le bol du mixeur, mettre la poudre d'amandes, le sucre vanillé et le sucre glace. Mixer. Ajouter 1 blanc d'œuf et quelques gouttes de colorant. Bien mélanger.
2- Monter le dernier blanc d'œuf en neige.
3- Dans une casserole, faire fondre le sucre en poudre avec 2 cuillerées à soupe d'eau puis porter le mélange à ébullition. Ajouter l'œuf en neige et continuer de battre 10 minutes environ. Ajouter délicatement la crème d'amandes et mélanger.
4- Garnir une poche à douille de la préparation. Sur la plaque du four, préalablement garnie de papier sulfurisé, déposer des petits ronds de pâte. Réserver à température ambiante 1 heure, le temps que les coques de macarons sèchent.
5- Pendant ce temps, préparer la ganache : faire fondre le chocolat au bain-marie avec les SMARTIES®. Ajouter les jaunes d'œufs et bien mélanger. Monter les blancs en neige, et les mélanger délicatement au chocolat. Garnir une poche à douille de ganache au chocolat. Réserver au réfrigérateur 3 heures.
6- Préchauffer le four à 150 °C.
7- Enfourner les coques et faire cuire 15 minutes.
8- Garnir les coques de ganache, et décorer le pourtour des macarons de SMARTIES® Mini.

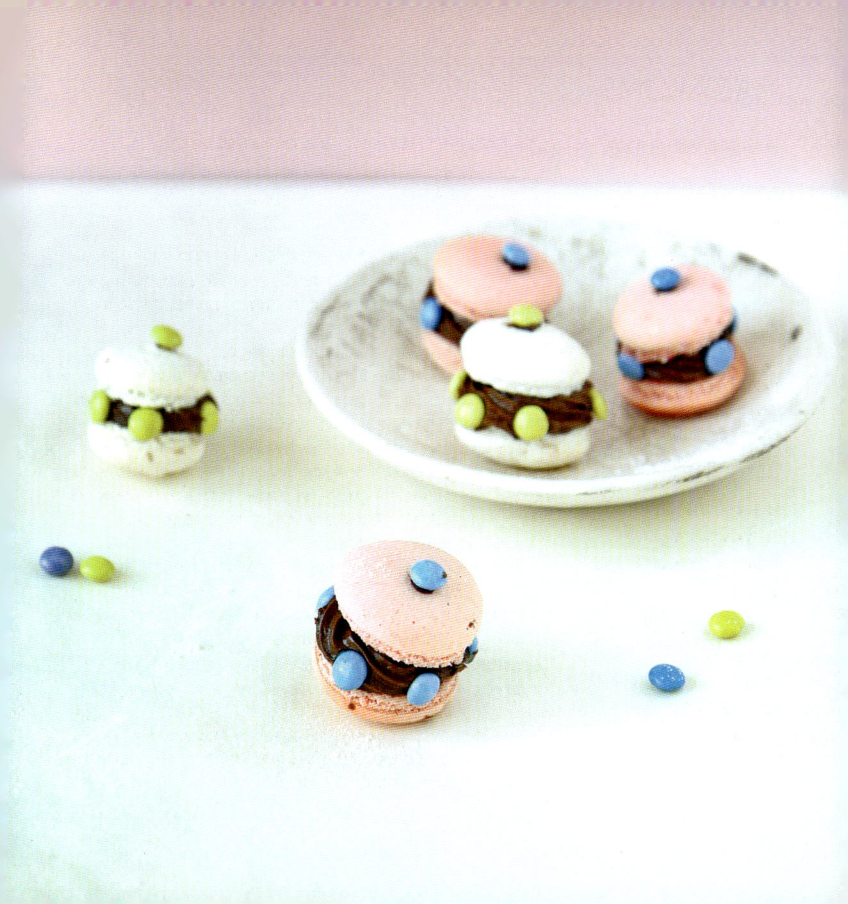

MERINGUES ALLONGÉES

10 MIN DE PRÉPARATION – 2 H DE CUISSON

POUR 4 PERSONNES

2 blancs d'œufs
70 g de sucre en poudre
70 g de sucre glace
50 g de chocolat noir
20 g de SMARTIES®
20 g de SMARTIES® Mini

1- Monter les blancs d'œufs en neige. Lorsqu'ils commencent à monter, ajouter le sucre en poudre, en pluie fine. Continuer de battre jusqu'à ce que les blancs soient bien fermes. Ajouter le sucre glace à l'aide d'une spatule, et mélanger doucement.
2- Préchauffer le four à 100 °C.
3- Garnir une poche à douille de meringue. Sur la plaque du four, préalablement garnie de papier sulfurisé, déposer des boudoirs de meringue d'environ 7 cm de longueur. Enfourner et faire cuire 2 heures.
4- Faire fondre le chocolat au bain-marie avec les SMARTIES® et bien mélanger.
5- Tremper une partie des meringues dans le chocolat fondu, puis ajouter aussitôt quelques SMARTIES® Mini avant que le chocolat ne se fige.

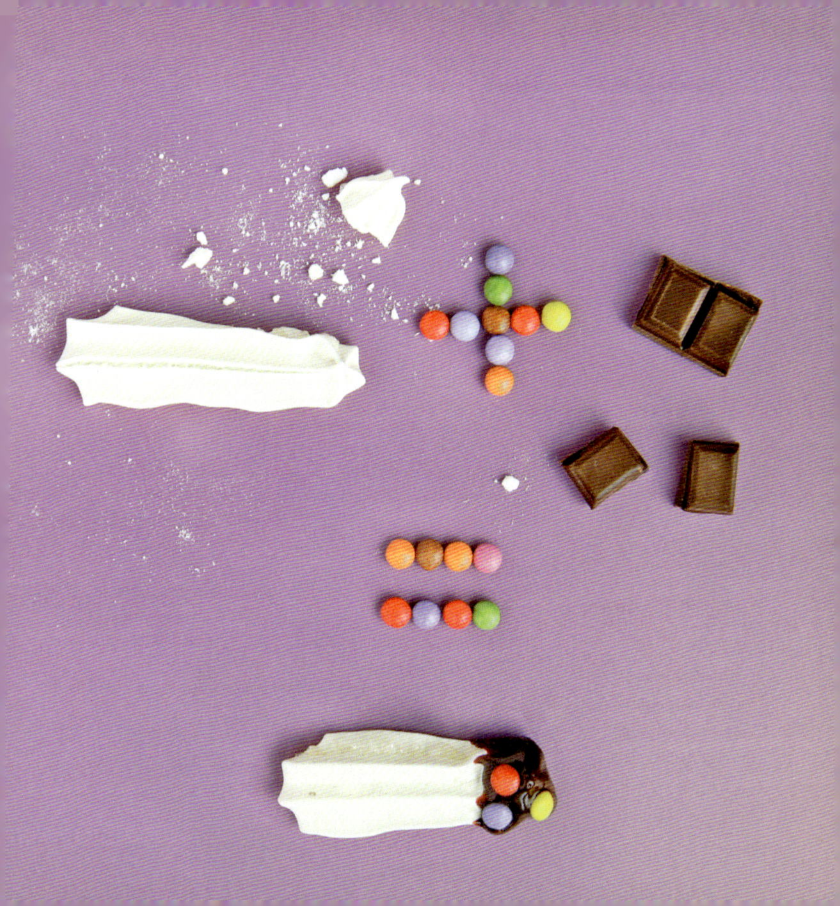

CHAMPIGNONS MULTICOLORES

15 MIN DE PRÉPARATION – 2 H DE CUISSON

POUR 4 PERSONNES

2 blancs d'œufs
70 g de sucre en poudre
70 g de sucre glace
4 carrés de chocolat noir
20 g de SMARTIES® Mini

1- Monter les blancs d'œufs en neige. Lorsqu'ils commencent à monter, ajouter le sucre en poudre, en pluie fine. Continuer de battre jusqu'à ce que les blancs soient bien fermes. Ajouter le sucre glace à l'aide d'une spatule, et mélanger doucement.
2- Préchauffer le four à 100 °C.
3- Garnir une poche à douille de meringue. Sur la plaque du four, préalablement garnie de papier sulfurisé, déposer 10 ronds d'environ 5 cm de largeur bien espacés.
4- Déposer ensuite 10 petits boudins en hauteur, en gardant la poche à douille bien droite, pour former le pied du champignon. Enfourner et faire cuire 2 heures.
5- Faire fondre le chocolat au bain-marie.
6- Décoller doucement les meringues. Assembler les champignons et décorer de SMARTIES® Mini le haut du champignon à l'aide du chocolat fondu.

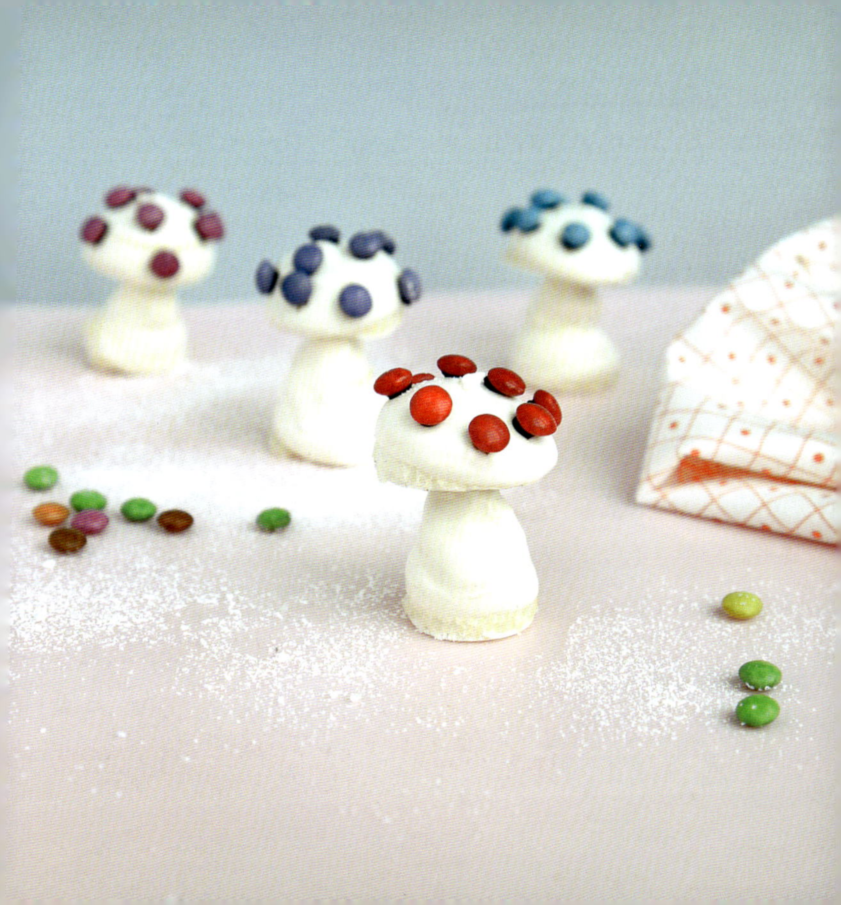

CAKE AU CHOCOLAT & AUX SMARTIES®

15 MIN DE PRÉPARATION – 30 MIN DE CUISSON

POUR 4 PERSONNES

50 g de SMARTIES®

250 g de chocolat noir

3 œufs

130 g de sucre en poudre

150 g de farine

1 cuillerée à café de bicarbonate de soude

½ sachet de levure chimique

40 g de poudre de noisettes

150 g de beurre ramolli

10 cl de lait

80 g de SMARTIES® Mini

1 pincée de sel

beurre pour le moule

1- Préchauffer le four à 180 °C.
2- Dans le bol du mixeur, mettre les SMARTIES®. Mixer jusqu'à obtenir une poudre fine.
3- Faire fondre le chocolat au bain-marie. Ajouter la poudre de SMARTIES® et bien mélanger.
4- Dans un saladier, battre les œufs avec le sucre jusqu'à ce que le mélange blanchisse. Ajouter petit à petit la farine, le bicarbonate, la levure, la poudre de noisettes, le sel puis le beurre ramolli coupé en petits cubes. Détendre avec le lait et bien mélanger. Terminer en versant le chocolat fondu et remuer.
5- Verser la pâte dans un moule à cake préalablement beurré et fariné. Enfourner et faire cuire 30 minutes.
6- Lorsque le cake a refroidi, le découper en parts et ajouter quelques SMARTIES® Mini pour lui donner un croustillant.

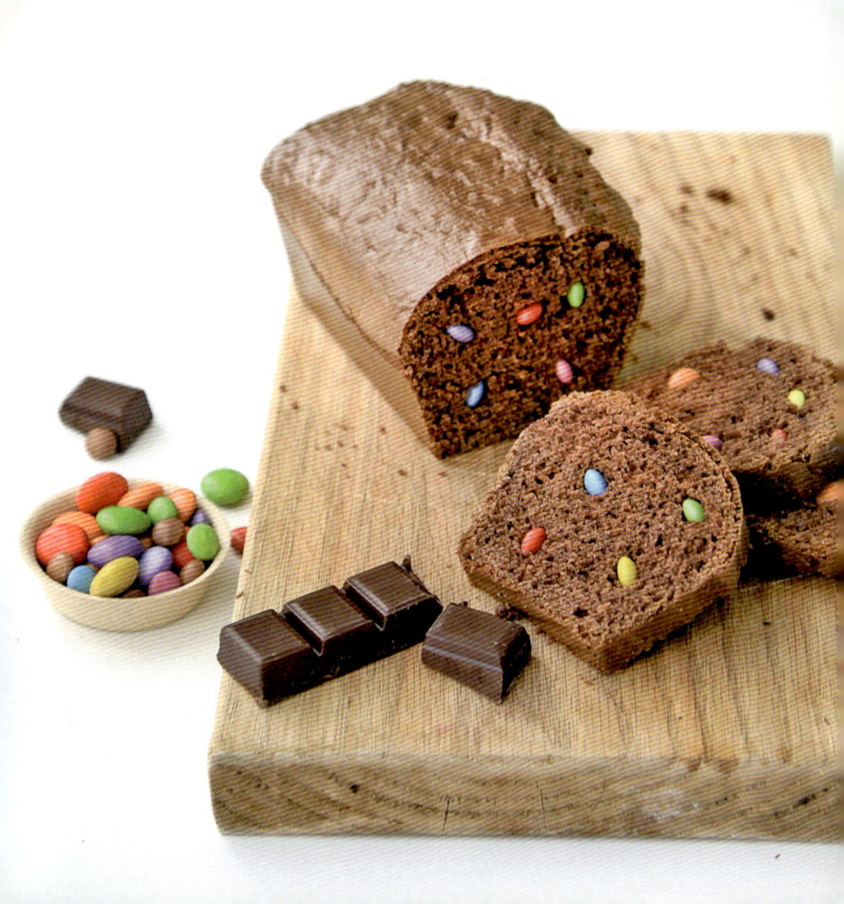

MINI BRIOCHES AUX SMARTIES®

30 MIN DE PRÉPARATION – 30 MIN DE CUISSON – 2 H 30 MIN DE REPOS

POUR 4 PERSONNES

80 g de SMARTIES®

3 cuillerées à soupe de lait tiède

300 g de farine

1 sachet de levure du boulanger

2 œufs

20 g de sucre en poudre

quelques gouttes d'extrait de vanille

100 g de beurre ramolli

100 g de SMARTIES® Mini

1 grosse pincée de sel

1- Préchauffez le four à 40 °C.
2- Dans le bol du mixeur, mettre les SMARTIES®. Mixer jusqu'à obtenir une poudre fine.
3- Dans une casserole, faire tiédir le lait.
4- Dans un saladier, mélanger la farine puis la levure. Faire un puits au centre et y verser le lait tiédi. Ajouter la poudre de SMARTIES®, les œufs, le sucre, le sel, l'extrait de vanille et le beurre coupé en petits morceaux.
Bien mélanger.
Si la pâte est trop liquide, ajouter un peu de farine.
5- Éteindre le four. Couvrir la pâte à brioches d'un torchon propre et réserver dans le four éteint 1 heure 30.
6- Sortir la pâte du four, incruster les SMARTIES® Mini, puis placer cette pâte dans des moules à muffins.
Couvrir d'un torchon propre et laisser reposer 1 heure.
7- Préchauffer le four à 180 °C.
8- Enfourner et faire cuire 30 minutes.

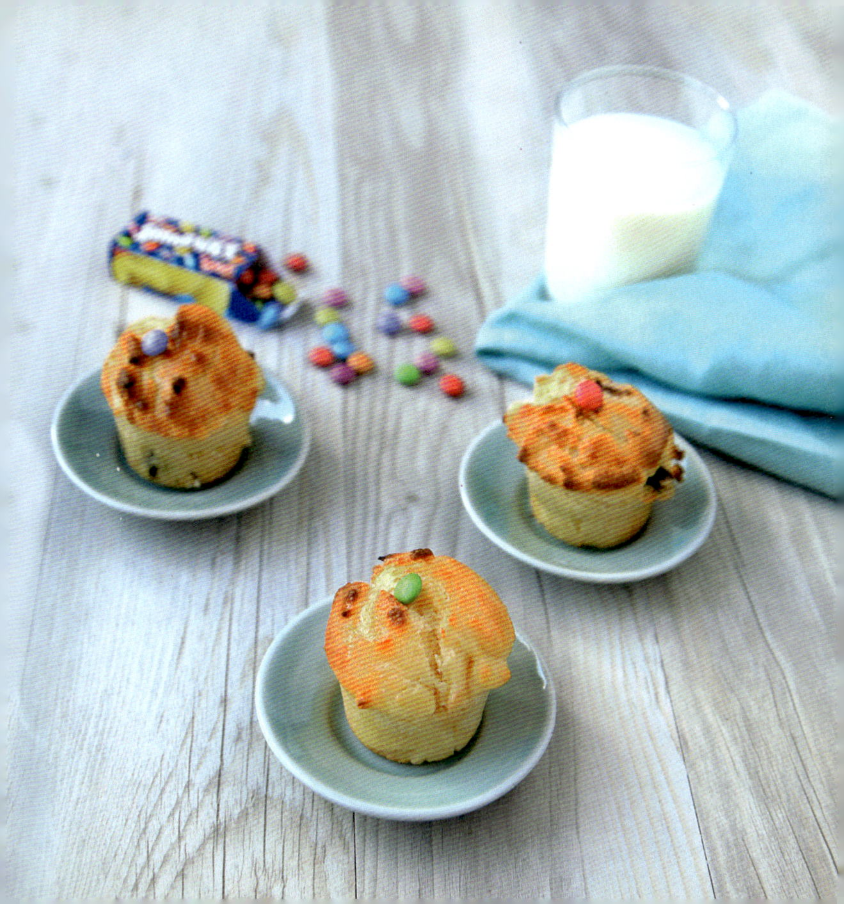

FINANCIERS COLORÉS

10 MIN DE PRÉPARATION – 15 MIN DE CUISSON

POUR 15 FINANCIERS

60 g de SMARTIES®
60 g de sucre en poudre
2 blancs d'œufs
25 g de poudre d'amandes
25 g de farine
40 g de beurre ramolli
colorant alimentaire
quelques SMARTIES® pour la décoration
beurre pour le moule

1- Préchauffer le four à 200 °C.
2- Dans le bol du mixeur, mettre les SMARTIES®. Mixer afin d'obtenir une poudre fine.
3- Dans un saladier, battre le sucre avec les blancs d'œufs. Lorsque le mélange est bien homogène, ajouter la poudre d'amandes, la poudre de SMARTIES®, la farine, le beurre et quelques gouttes de colorant. Bien mélanger.
4- Verser la pâte dans des moules à financiers, préalablement beurrés. Enfourner et faire cuire 15 minutes. Décorer avec quelques SMARTIES®.

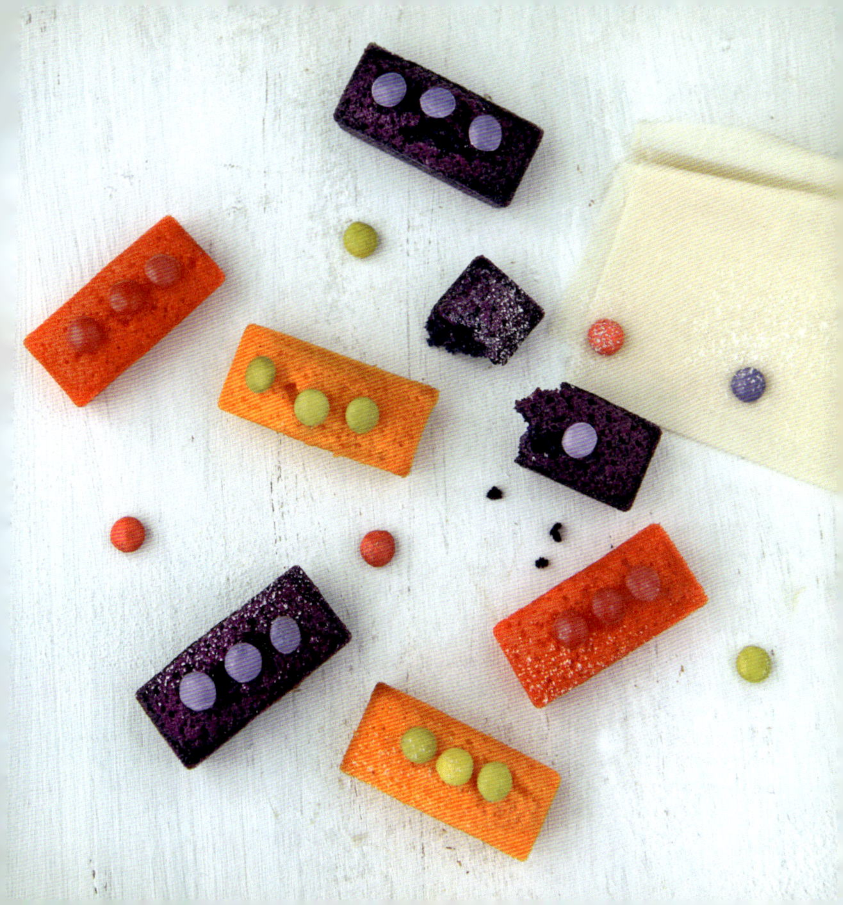

BARRES DE CÉRÉALES AUX SMARTIES®

15 MIN DE PRÉPARATION – 20 MIN DE CUISSON

POUR 4 PERSONNES

50 g de SMARTIES®

60 g de flocons d'avoine

20 g de graines de sésame

70 g d'amandes concassées

30 g de noix de pécan hachées

10 g de sucre en poudre

100 g de miel

20 g de beurre

1 pincée de sel

quelques SMARTIES® pour la décoration

1- Préchauffer le four à 190 °C.
2- Dans le bol du mixeur, mettre les SMARTIES®. Mixer grossièrement.
3- Dans un bol, mélanger les flocons d'avoine, les graines de sésame, les amandes, les noix de pécan et les éclats de SMARTIES®.
4- Dans une casserole, faire cuire à feu doux le sucre avec 1 cuillerée à café d'eau. Lorsque le mélange commence à se colorer, ajouter le beurre et le miel. Ajouter le mélange de céréales et bien remuer.
5- Verser la préparation dans un plat allant au four. Enfourner et faire cuire 20 minutes.
6- À la sortie du four, disposer quelques SMARTIES® sur le dessus. Laisser refroidir complètement avant de détailler en barres.

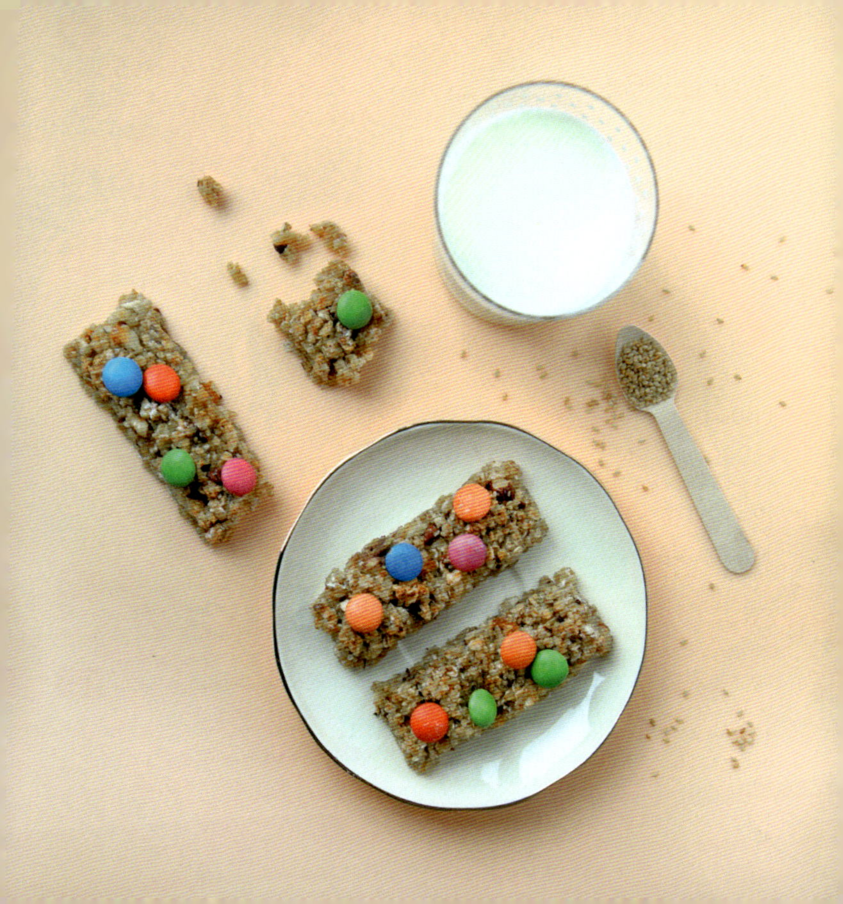

COOKIES SMARTIES®

10 MIN DE PRÉPARATION – 15 MIN DE CUISSON

POUR 4 PERSONNES

200 g de sucre roux
1 sachet de sucre vanillé
300 g de farine
80 g de poudre d'amandes
½ sachet de levure chimique
2 œufs
100 g de beurre ramolli
1 pincée de sel
1 boîte de SMARTIES® Mini

1- Préchauffer le four à 200 °C.
2- Dans un bol, mélanger les sucres, la farine, la poudre d'amandes, la levure et le sel. Ajouter les œufs, puis le beurre. Travailler pour obtenir une boule de pâte.
3- Sur la plaque du four, garnie préalablement de papier sulfurisé, déposer des petites boules de pâte en laissant un bon espace entre chacune d'elles. Enfourner et faire cuire 15 minutes.
4- À la sortie du four, enfoncer quelques SMARTIES® Mini sur chaque cookie puis laisser refroidir complètement.

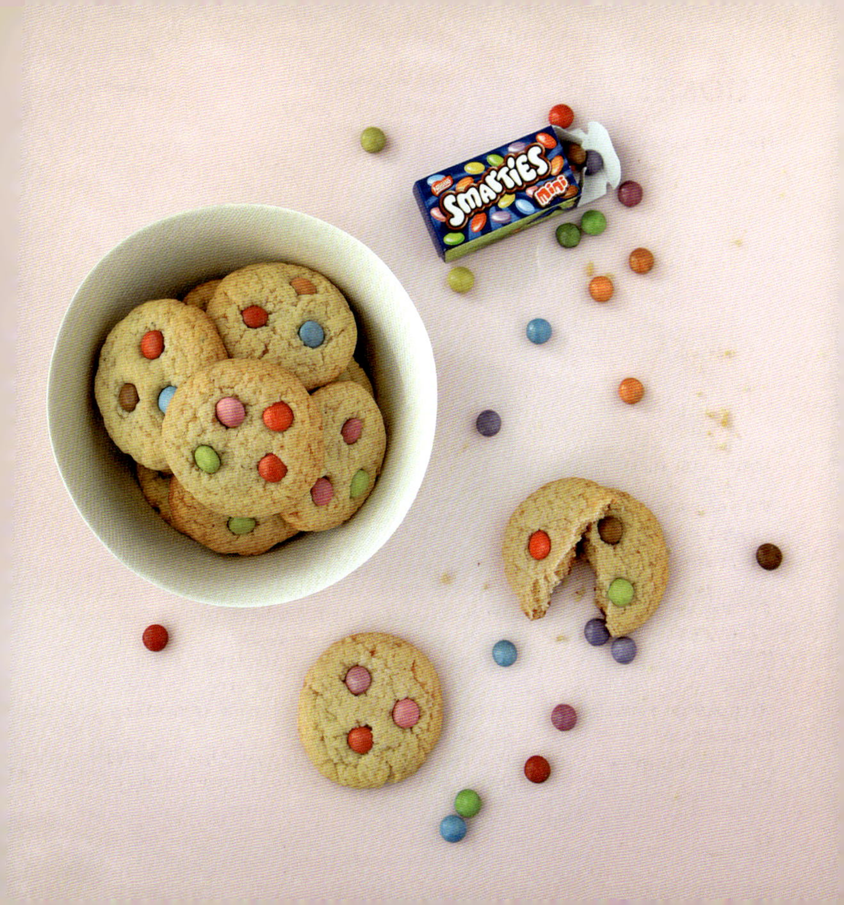
SMARTIES
mini

CUPCAKES AUX FRAMBOISES & SMARTIES®

20 MIN DE PRÉPARATION – 20 MIN DE CUISSON

POUR 4 PERSONNES

MUFFINS

100 g de SMARTIES®

2 œufs

75 g de sucre roux

75 g de farine

1 cuillerée à café de levure chimique

30 g de poudre d'amandes

100 g de beurre

100 g de framboises

GLAÇAGE

50 g de beurre

1 goutte d'extrait d'amande amère

15 g de sucre glace

quelques SMARTIES® Mini pour la décoration

1 - Préchauffer le four à 180 °C.
2 - Préparer les muffins : dans le bol du mixeur, mettre les SMARTIES®. Mixer afin d'obtenir une poudre fine.
3 - Dans un bol, battre les œufs avec le sucre. Ajouter la farine, la levure, la poudre d'amandes et la poudre de SMARTIES®.
4 - Faire fondre le beurre à feu doux puis l'ajouter au mélange précédent en remuant bien. Ajouter les framboises.
5 - Verser la pâte dans des moules à muffins. Enfourner et faire cuire 20 minutes.
6 - Préparer le glaçage : dans un bol, mélanger le beurre, l'extrait d'amande amère et le sucre glace. Garnir une poche à douille du glaçage.
7 - Lorsque les muffins sont bien refroidis, les recouvrir de glaçage et décorer avec quelques SMARTIES® Mini.

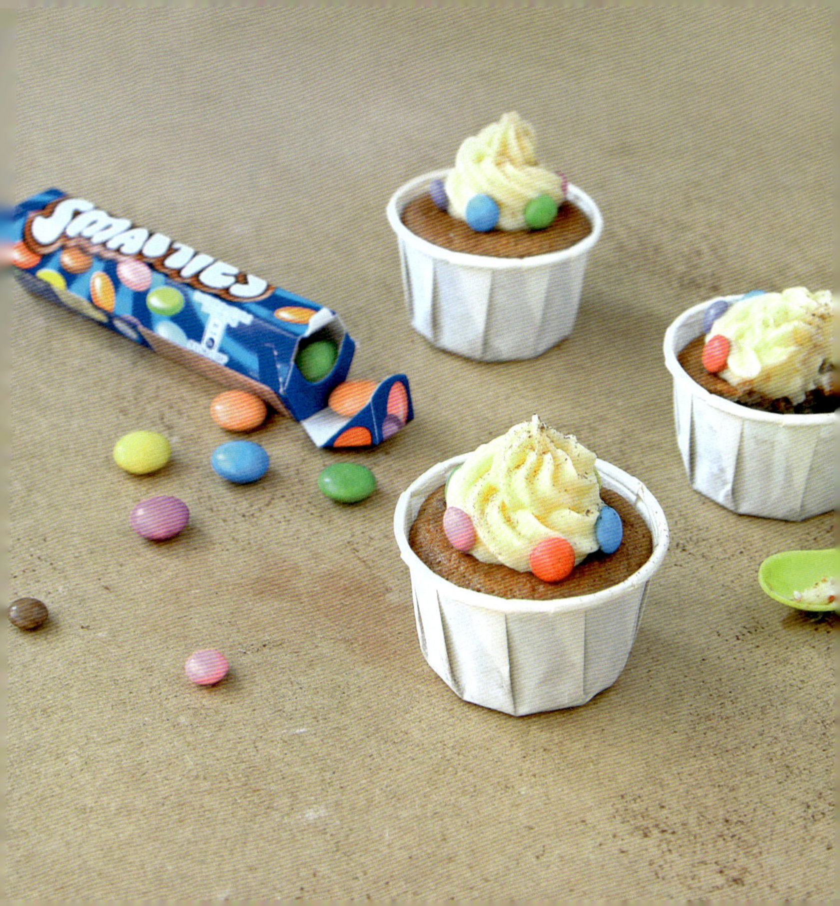
Smarties

SABLÉS À LA NOISETTE

30 MIN DE PRÉPARATION – 10 MIN DE CUISSON – 4 H DE RÉFRIGÉRATION

POUR 15 SABLÉS

SABLÉS

1 œuf

50 g de sucre roux

1 cuillerée à soupe de cannelle en poudre

50 g de noisettes hachées

250 g de farine

50 g de beurre demi-sel coupé en morceaux

GANACHE

15 g de SMARTIES®

250 g de chocolat noir

5 œufs

SMARTIES® Mini pour la décoration

1- Préchauffer le four à 180 °C.
2- Préparer les sablés : battre l'œuf avec le sucre roux. Ajouter la cannelle, les noisettes hachées et la farine puis le beurre et travailler pour obtenir une boule de pâte.
3- Étaler la pâte sur un plan de travail fariné à l'aide d'un rouleau à pâtisserie. Découper des ronds de pâte avec un emporte-pièce. Les piquer avec une fourchette puis les déposer sur la plaque du four, préalablement garnie de papier sulfurisé. Enfourner et faire cuire 10 minutes. Laisser refroidir.
4- Préparer la ganache : dans le bol d'un mixeur, mettre les SMARTIES®. Mixer afin d'obtenir une poudre fine.
5- Faire fondre le chocolat au bain-marie puis mélanger avec la poudre de SMARTIES®.
6- Séparer les blancs des jaunes d'œufs. Mélanger les jaunes au chocolat fondu et bien remuer. Battre les blancs en neige. Les incorporer au chocolat très délicatement. Réserver au réfrigérateur 4 heures.
7- Garnir une poche à douille de ganache, et en recouvrir chaque sablé. Parsemer de SMARTIES® Mini.

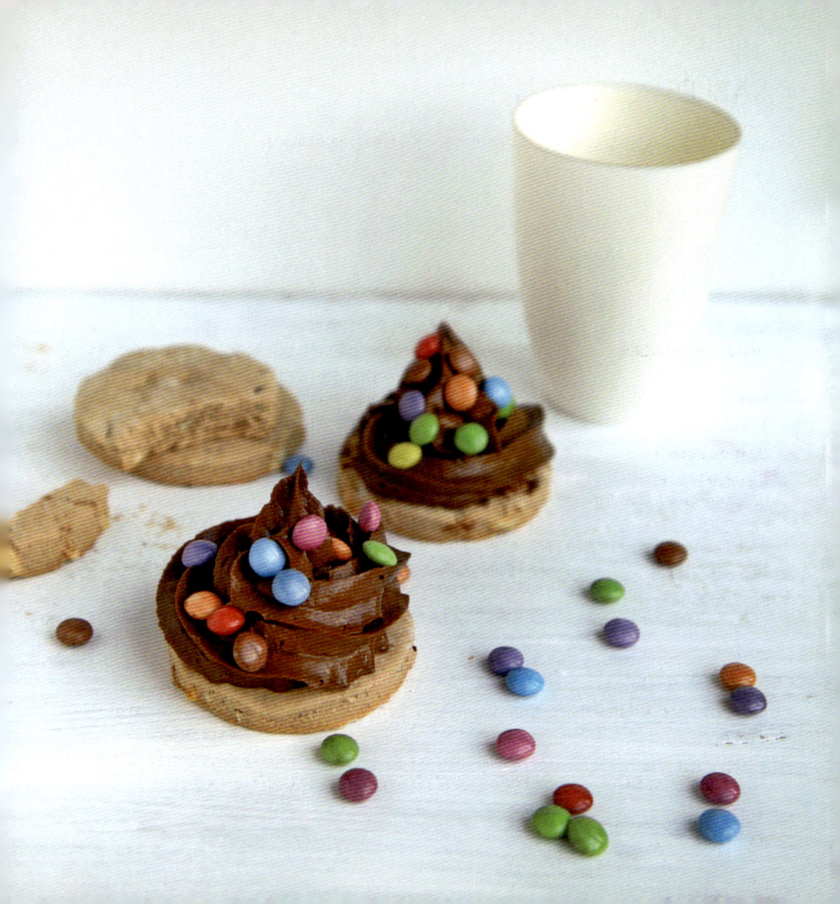

ROBOTS RIGOLOS

25 MIN DE PRÉPARATION – 5 MIN DE CUISSON – 12 H DE RÉFRIGÉRATION

POUR 10 ROBOTS

500 g de chocolat blanc

colorants alimentaires pour chocolat

200 g de SMARTIES® Mini

4 carrés de chocolat fondus

1- Faire fondre la moitié du chocolat blanc au bain-marie puis le repartir dans plusieurs petits pots suivant le nombre de couleur différente que l'on veut obtenir.
2- Ajouter dans chacun des pots, quelques gouttes de colorant.
3- Dans un moule à chocolat en forme de robot, verser une couche de chocolat coloré, et bien le répartir sur les parois du moule. Réserver au frais jusqu'à ce que le chocolat se fige.
4- Dans le bol du mixeur, mettre les SMARTIES® Mini. Mixer jusqu'à obtenir une poudre.
5- Faire fondre le reste du chocolat blanc au bain-marie. Ajouter la poudre de SMARTIES® Mini et mélanger. Remplir les moules de chocolat blanc fondu. Réserver au réfrigérateur 2 heures.
6- Verser une couche de chocolat coloré sur l'arrière du robot. Réserver au réfrigérateur toute une nuit.
7- Démouler tout doucement. Décorer avec quelques SMARTIES® Mini en les faisant tenir avec un peu de chocolat fondu.

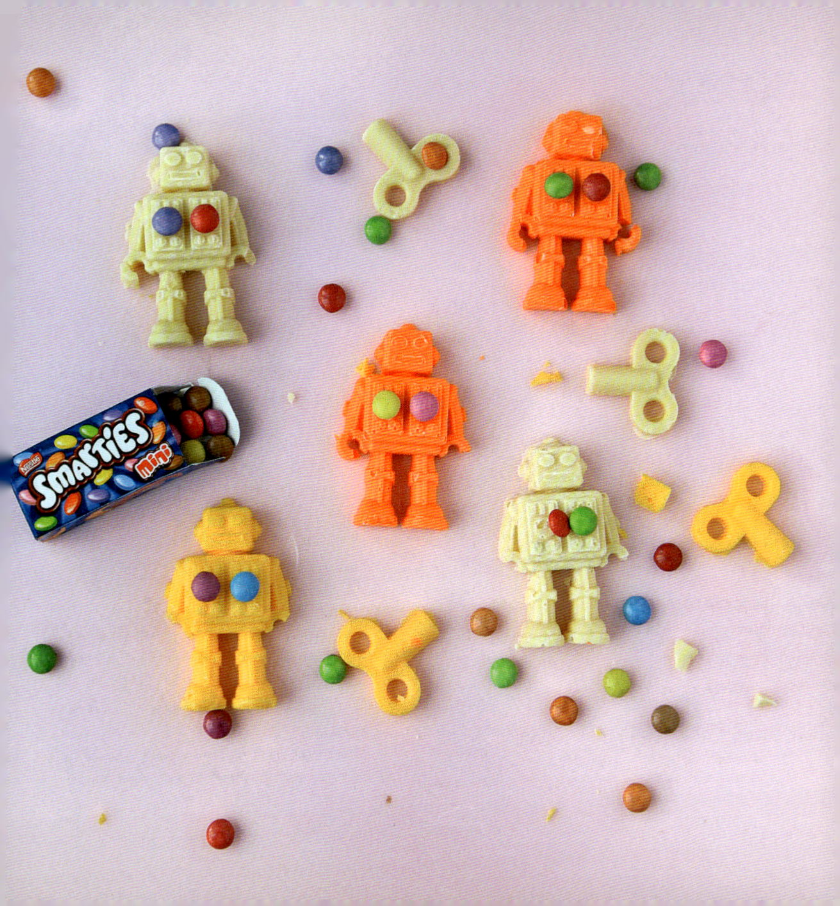
SMARTIES
mini

SUNDAY AUX SMARTIES®

10 MIN DE PRÉPARATION – 4 H DE CONGÉLATION

POUR 1 L DE GLACE

50 g de sucre en poudre

30 cl de crème fleurette

25 cl de lait

quelques gouttes d'extrait de vanille

1 tube de SMARTIES®

SMARTIES® Mini pour la décoration

1- Mélanger tous les ingrédients à l'exception des SMARTIES®. Battre à l'aide d'un fouet, jusqu'à ce que le mélange soit mousseux. Ajouter les SMARTIES® et mélanger délicatement.

2- Réserver la préparation au congélateur 4 heures en remuant toutes les heures le mélange jusqu'à obtenir une consistance crémeuse.

3- Servir dans des petits pots et parsemer de SMARTIES® Mini.

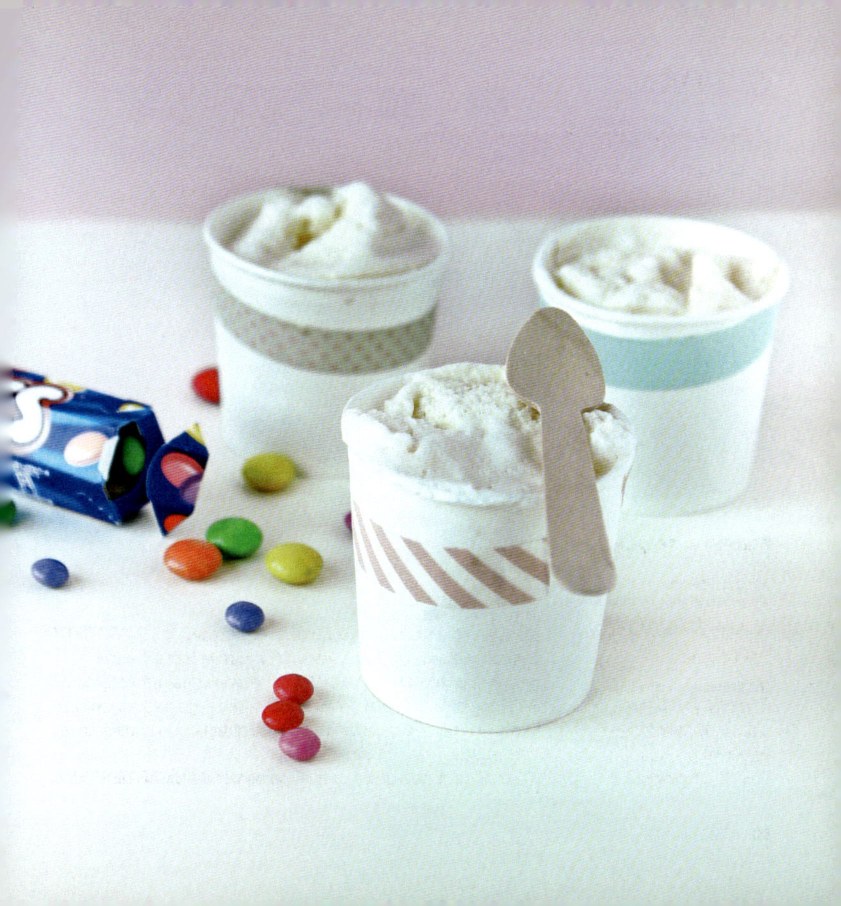

GLACE AUX SMARTIES®

15 MIN DE PRÉPARATION – 5 MIN DE CUISSON – 4 H DE CONGÉLATION

POUR 4 PERSONNES

2 œufs
5 cl de lait
1 gousse de vanille
50 g de sucre en poudre
30 SMARTIES®
+ pour la décoration

1- Séparer les blancs des jaunes d'œufs.
2- Dans une casserole, faire tiédir le lait avec la gousse de vanille fendue en deux et grattée.
3- Dans un bol, fouetter les jaunes d'œufs et le sucre. Faire cuire le mélange au bain-marie, augmenter le feu et, sans cesser de remuer, ajouter petit à petit le lait. Continuer de mélanger jusqu'à ce que la crème épaississe. Hors du feu, ajouter les SMARTIES®.
4- Monter les blancs d'œufs en neige puis les incorporer délicatement à la crème.
5- Répartir le mélange dans 4 petits pots et réserver au congélateur 4 heures. Au bout de 1 heure, ajouter un petit bâtonnet en bois dans chaque glace. Au moment de servir, décorer avec quelques SMARTIES®.

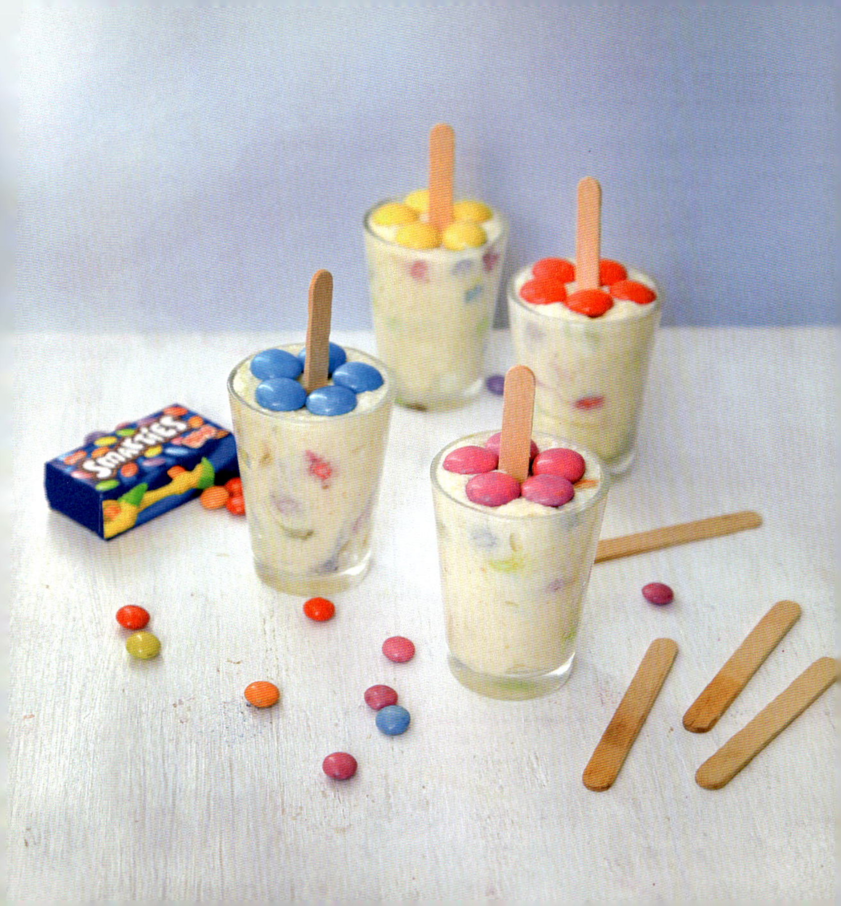
SMARTIES

SANDWICHES CRAQUANTS

10 MIN DE PRÉPARATION

POUR 6 PERSONNES

**12 biscuits secs
(type petits beurres)**
**1 l de crème glacée
à la vanille**
60 SMARTIES®

1- Réserver la crème glacée au congélateur, elle doit être très dure.
2- Monter le sandwich en répartissant la glace sur un petit beurre (si possible s'aider d'un emporte-pièce aux dimensions du biscuit). Disposer 10 SMARTIES® sur la glace puis refermer avec un autre biscuit. Répéter l'opération pour le reste des biscuits. Servez immédiatement.

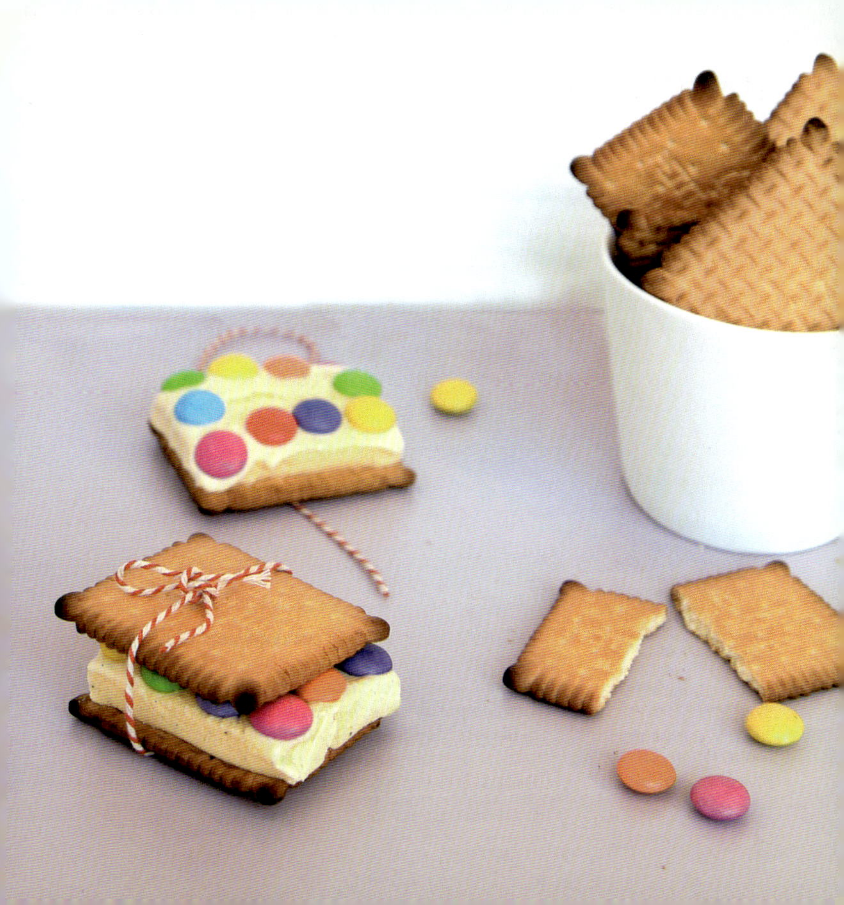

BAVAROIS AUX FRUITS ROUGES

40 MIN DE PRÉPARATION – 30 MIN DE CUISSON – 1 H DE RÉFRIGÉRATION

POUR 4 PERSONNES

GÉNOISE

4 œufs

100 g de sucre en poudre

100 g de farine

1 sachet de levure chimique

1 pincée de sel

MOUSSE DE FRUITS ROUGES

250 g de sucre en poudre

3 g d'agar-agar

500 g de fruits rouges

25 cl de crème fleurette

GANACHE

20 g de SMARTIES®

1 cl de crème fleurette

1- Préchauffer le four à 180 °C.
2- Préparer la génoise : dans un saladier, battre les œufs et le sucre au dessus d'un bain-marie tiède jusqu'à ce que le mélange soit bien blanchi. Hors du feu, ajouter la farine petit à petit, la levure et le sel. Bien remuer en soulevant la pâte pour ne pas la casser.
3- Étaler la pâte sur la plaque du four, préalablement garnie de papier sulfurisé. Enfourner et faire cuire 30 minutes.
4- Préparer la mousse de fruits rouges : dans une casserole, mélanger 10 cl d'eau avec le sucre et l'agar-agar puis porter à ébullition. Bien mélanger et réserver hors du feu.
5- Dans le bol d'un mixeur, mettre les fruits rouges. Mixer finement puis filtrer. Ajouter le sirop de sucre tiède par-dessus. Bien mélanger. Monter la crème fleurette en chantilly, et l'incorporer au coulis de fruits.
6- À l'aide de cercles en inox, découper 4 ronds de génoise et les disposer au fond des cercles. Ajouter la mousse de fruits rouges quasiment jusqu'en haut des bords. Réserver au réfrigérateur.
7- Préparer la ganache : dans une casserole, faire fondre les SMARTIES® et la crème fleurette. Disposer une fine couche de ce mélange sur la mousse de fruit et bien lisser. Réserver au réfrigérateur et servir bien frais.

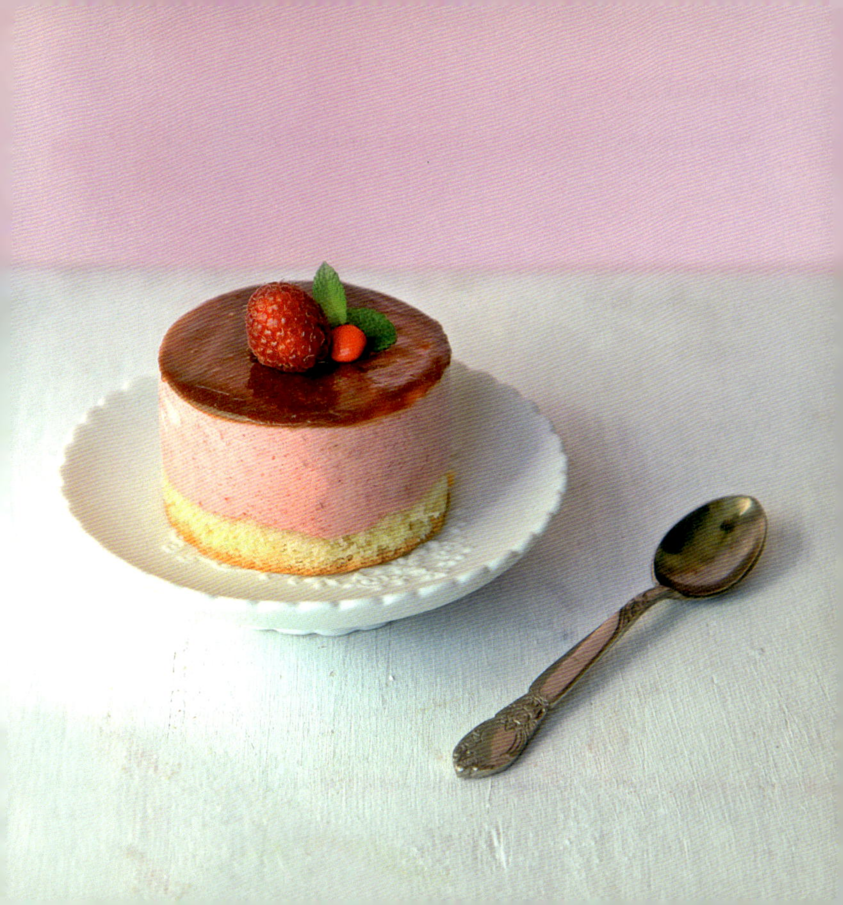

MOUSSE AU CHOCOLAT & AUX SMARTIES®

15 MIN DE PRÉPARATION – 4 H DE RÉFRIGÉRATION

POUR 4 PERSONNES

250 g de chocolat noir
5 œufs
150 g de SMARTIES®

1- Faire fondre le chocolat au bain-marie.
2- Séparer les jaunes des blancs d'œufs.
3- Mélanger les jaunes d'œufs avec le chocolat fondu.
4- Monter les blancs en neige puis les incorporer délicatement avec les SMARTIES® entiers au chocolat.
5- Réserver au réfrigérateur 4 heures.

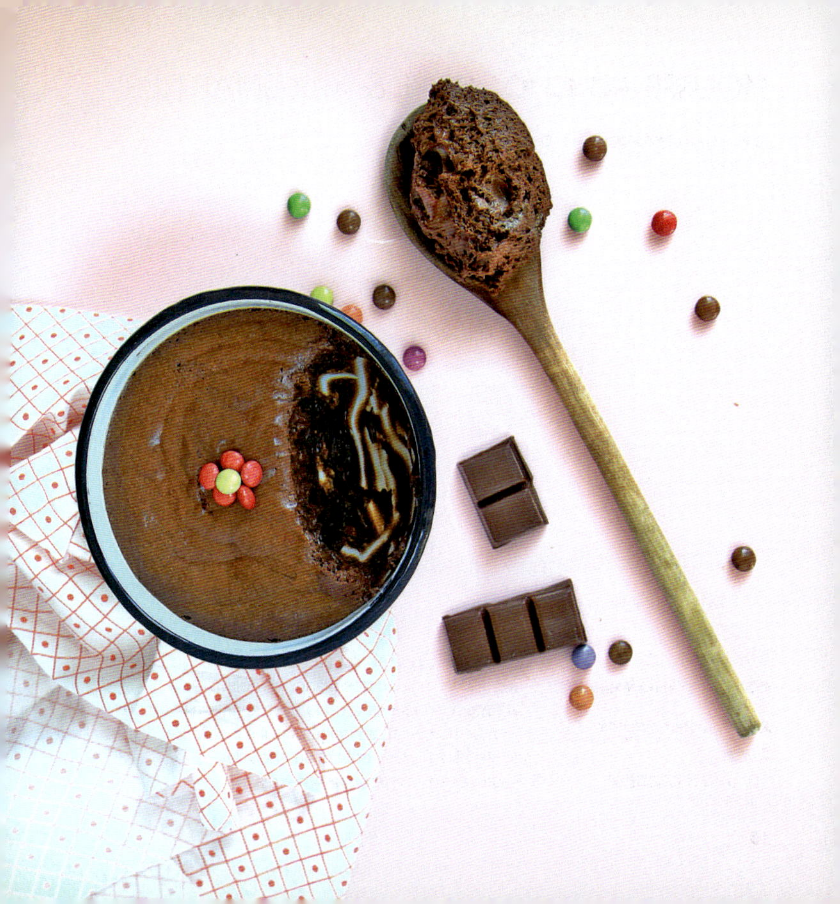

PETITS POTS GOURMANDS

30 MIN DE PRÉPARATION – 20 MIN DE CUISSON – 15 MIN DE CONGÉLATION

POUR 4 PERSONNES

100 g de flocons d'avoine

30 g de graines de sésame

50 g de flocons de millet

70 g de noisettes légèrement concassées

40 g d'amandes

50 g de SMARTIES®

300 g de miel

30 g de beurre

1 pincée de sel

10 yaourts à la grecque

150 g de fruits rouges

2 cl de sirop d'érable
+ 4 cuillerées à soupe

1- Préchauffer le four à 180 °C.
2- Dans un bol, mélanger les flocons d'avoine, les graines de sésame, le millet, les noisettes et les amandes concassées.
3- Dans une casserole, faire chauffer le miel, le beurre et le sel. Verser sur le mélange de céréales et bien remuer.
4- Répartir sur la plaque du four garnie de papier sulfurisé. Enfourner et faire cuire 20 minutes. À la sortie du four, laisser refroidir puis casser le tout en petits morceaux.
5- Dans un bol, mélanger les yaourts avec les trois-quarts des fruits et 2 cl de sirop d'érable. Réserver au congélateur 15 minutes.
6- Dans 4 petits pots, mettre un peu de yaourt, recouvrir de granola et d'une couche de SMARTIES®. Ajouter quelques fruits frais, 1 cuillerée à soupe de sirop d'érable dans chaque pot. Servir aussitôt.

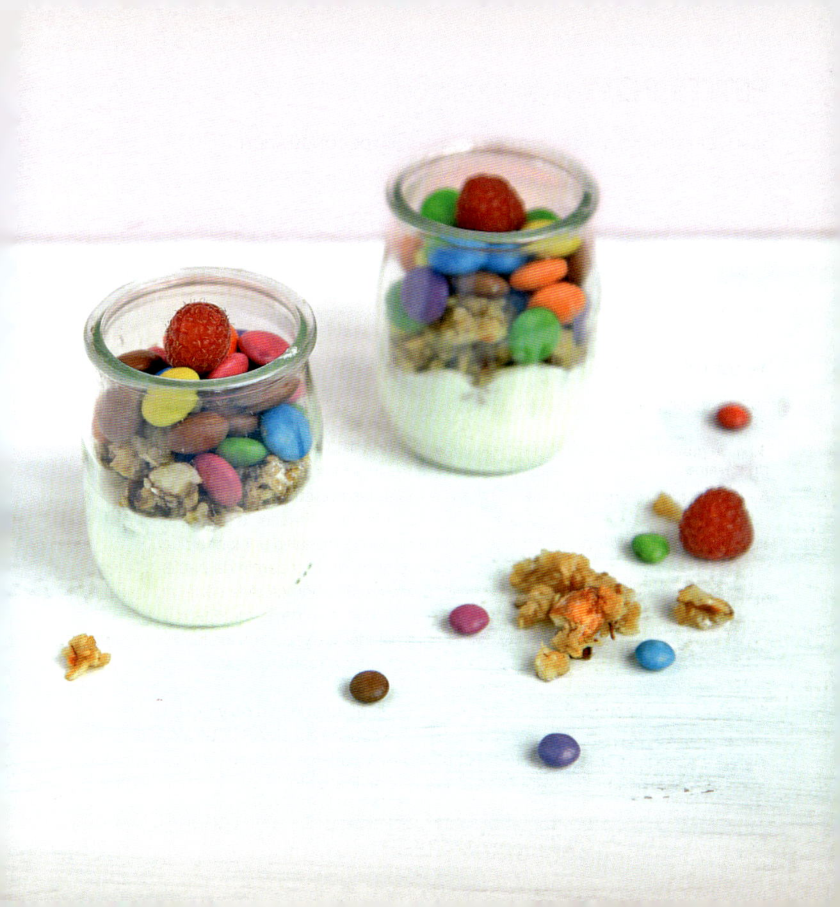

CHANTILLY COLORÉE

5 MIN DE PRÉPARATION – 2 H DE RÉFRIGÉRATION

POUR 4 PERSONNES

50 cl de crème liquide
30 g de sucre glace
colorants alimentaires
1 boîte de SMARTIES® Mini

1- Mélanger la crème liquide avec le sucre glace.
2- Diviser le mélange dans 2 bols puis ajouter un colorant différent dans chacun d'eux. Répartir dans 2 siphons différents.
3- Placer les cartouches de gaz dans les siphons, bien secouer et réserver au réfrigérateur en position horizontale 2 heures. Parsemer de SMARTIES® Mini au fur et à mesure du service de la chantilly.

REMERCIEMENTS

Un grand merci à Karine Le Bricquir pour son aide.

Avec la collaboration de SMARTIES®
® Reg. Trademark of Société des Produits Nestlé S.A.
Tous droits réservés. Toute reproduction ou utilisation de l'ouvrage sous quelque forme et par quelque moyen électronique, photocopie, enregistrement ou autre que ce soit est strictement interdite sans l'autorisation de l'éditeur.

Shopping : Émilie Guelpa
Aide à la préparation des recettes : Karine Le Bricquir
Suivi éditorial : Marie-Ève Lebreton
Mise en pages : Gérard Lamarche

© Hachette Livre (Marabout) 2012
41 0351 1 04
ISBN : 978-2-501-07605-0
Dépôt légal : janvier 2012
Achevé d'imprimer en février 2012
sur les presses d'Impresia-Cayfosa en Espagne

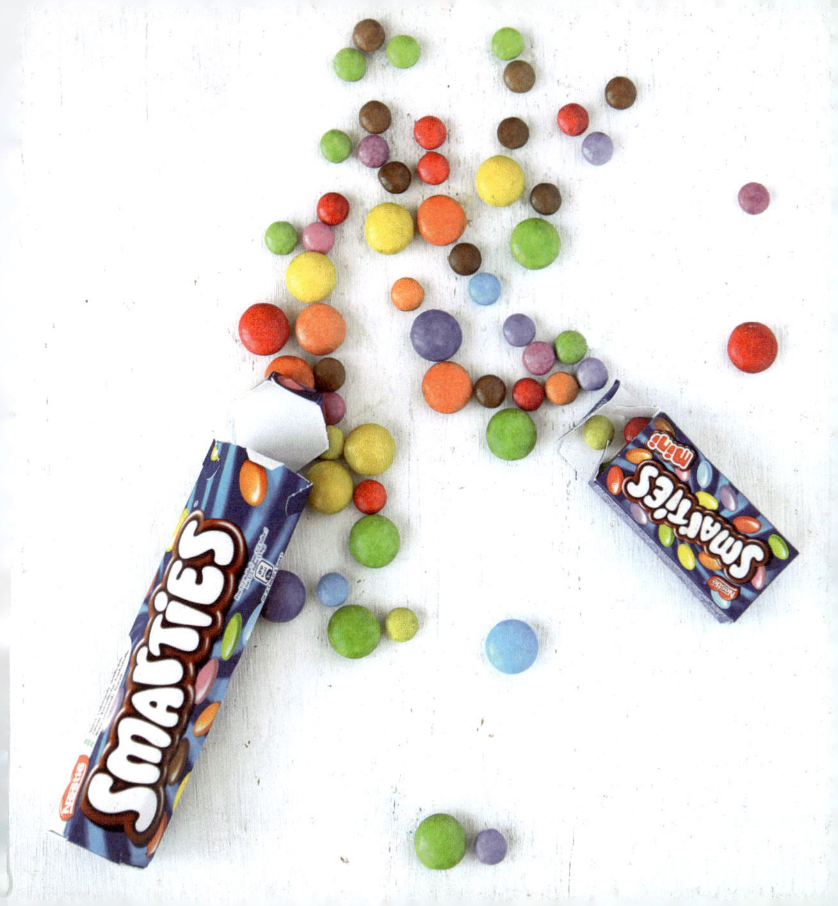
Smarties
Nestlé
Smarties
mini